KB168632

화학
1%를 만드는
힘센
과학 개념

일러두기

- 이 책에 실린 글들은 전 세계 11개국에서 동시 발행하는 어린이·청소년 과학 전문지 〈욜라〉 3~7호, 10~13호, 17호, 19호, 21호의 기사 중 일부를 재가공한 것입니다.
- 각 장에 연계한 교과 단원명은 2021년 교과과정을 기준으로 했습니다.
- 외국의 지명과 인명은 국립국어원의 외래어 표기법을 따랐습니다.

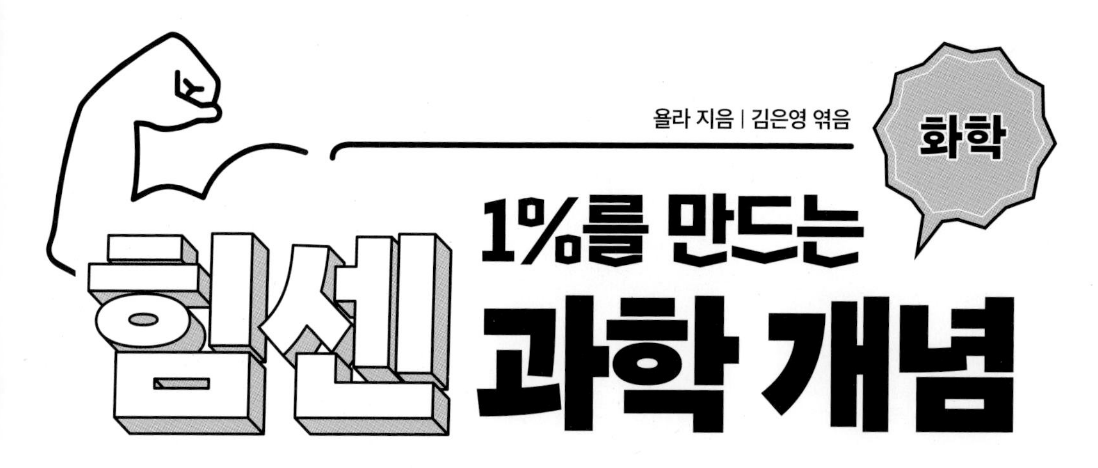

다른

개념 복습과 심화로 똑똑하게 준비하는 중학 과학!

차근차근 시작하는 과학 개념 정복

이 책을 읽고 있다면 아마 지금 초등학교 고학년이거나, 중학교 1학년일 거예요. 어쩌면 그보다 더 어리거나 나이가 많을 수도 있고요. 나이를 떠나 모두의 공통점은 이게 아닐까요? 바로 '과학을 잘하고 싶다'는 마음이요! 과학을 잘하고 있는데 더 잘하고 싶은 건 물론이고요.

초등학교를 졸업하고 중학교에 들어가면 갑자기 어렵게 느껴지는 과목이 몇 개 있어요. 그중의 하나가 바로 과학이지요. 사실 중학교 과학은 초등학교에서 배우던 것과 크게 다르지 않아요. 조금 더 세세하게 나뉘고, 조금 더 어려운 용어를 쓰고, 조금 더 넓은 범위를 다룰 뿐이랍니다. 완전히 다른 것을 배우는 게 아니라, 원래 알던 내용을 더 깊고 자세하게 배우는 거예요.

그런데 중학교 과학을 잘하기 위해서는 꼭 해야 할 일이 있어요. 바로 기초를 튼튼하게 다지는 일이지요. 아무리 높고 멋진 건물을 설계한들, 그 건물을 버석한 모래사막이나 질척한 늪 위에 지어 올린다면 완성하자마자 옆으로 툭 쓰러져 버릴 거예요. 과학도 마찬가지예요. 초등학교 시절에 잘 다져 놓은 기초 위에 중학교 과학을 차근차근 쌓아 올려야 내 머릿속 '건물'이 오래오래 제 모습을 유지하며 버틸 수 있답니다.

《1%를 만드는 힘센 과학 개념》은 과학을 공부할 때 꼭 필요한 기반을 다지는 동시에 건물을 더 쉽게 지을 수 있도록 돕는 책이에요. 전 세계 11개국의 청소년들이 함께 읽는 과학 전문지 〈욜라〉에 실린 기사 중 중학교 1학년 때 배우는 '물질의 상태 변화'를 기본으로 총 21개의 기사를 엄선했지요. 원자와 분자부터 열의 이동, 플라스마, 주기율표, 생활 곳곳의 다양한 화학 물질과 21세기 기술까지 질리지 않고 읽을 수 있게끔 다양한 주제로 풍성하게 채웠고요. 개념을 하나하나 붙잡아 옆에 딱 설명을 붙여 두었으니 이것만 알아도 과학은 금방 정복할 수 있답니다.

참, 책을 읽으면서 절대 하지 말아야 할 것이 있어요. 절대 개념을 억지로 외우려 하지 마세요. 갑자기 모든 개념을 다 이해하려 하지 말고, 지금 할 수 있는 만큼만 조금씩 익혀 가세요. 공부가 아닌 놀이처럼 즐기면 더욱 좋고요. 하루아침에 터를 만들고 건물을 올릴 수 없는 것처럼, 과학 공부 역시 하룻밤 벼락치기로 끝낼 수 있는 일이 아니에요. 그러니 느긋하게, 끈기를 가지고 도전해 보도록 해요. 그렇게 하루에 하나씩, 21일이 지나면 어느새 초등학교 과학의 기틀 위에 중학교 과학의 튼튼한 건물이 세워져 있을 거예요.

엮은이, 김은영

이 책의 활용법

개념이 보이는 주제

핵심 주제를 짧게 소개했어요.
하나의 주제로 개념을 연결해 가며 이해할 수 있어요.

교과서 심화 개념

중학교 교과과정에 더해 교과서 밖의 과학 지식을
개념으로 담았어요. 이것만 읽어도 이해의 폭이 금방 넓어져요.

집에서 만드는 간단 지시약

어떤 용액을 넣으면 색이 붉게 변하고, 또 어떤 용액을 넣으면 색이 푸르게 변해요. 만나는 물질에 따라 색이 자유자재로 휙휙 바뀌는 지시약은 물질의 성질을 한눈에 보여 주는 지표랍니다. 지시약은 집에서도 쉽고 간단하게 만들 수 있어요. 붉은 양배추로 지시약을 만들며 산성과 염기성에 대해 자세히 알아봐요.

교과서 핵심 개념

리트머스 시험지
물질이 산성인지 염기성인지 알려 주는 대표 지시약이에요. 산성 용액은 푸른 리트머스 시험지를 붉게, 염기성 용액은 붉은 리트머스 시험지를 푸르게 만들지요.

화합물
두 가지 이상의 서로 다른 원소가 만나서 이룬 물질이에요. 원래 원소의 성질과는 완전히 달라진답니다. 화합물을 이루는 원소들의 비율은 화합물마다 일정해요.

산성도
물질이 지니고 있는 산의 세기를 나타내는 말이에요. 보통 pH로 표시하지요.

요즘에는 어떤 생각의 옳고 그름을 가르는 기준을 **리트머스 시험지** 라고 부르는 경우가 많아요. 리트머스 시험지가 용액의 성분에 따라 색이 변하는 지시약이기 때문에 나온 말이지요.

지시약으로 쓰이는 물질은 특정한 물질과 반응해서 색을 띠는 물질을 만드는 **화합물** 이에요. 만들어진 물질의 색과 색의 진하기는 반응하는 물질의 성분에 따라 달라져요. 색이 변하는 지시약은 금속이나 질병의 종류, 습도 등 여러 가지를 나타낼 수 있답니다. 그중 가장 많이 쓰이는 건 물질의 **산성도** 를 알려 주는 산-염기 지시약이지요.

산-염기 지시약은 용액의 산성도에 따라 색이

12 · 1장 우리 집은 화학 실험실

교과서 핵심 개념

초등과 중1 교과서에 자주 나오는 개념,
심화로 나아가는 데 뼈대가 되는 개념을 다뤘어요.

하이라이트

중요한 개념에는 하이라이트가 들어가 있어서 한눈에 들어와요.
자세한 설명은 바로 옆의 박스를 보면 돼요.

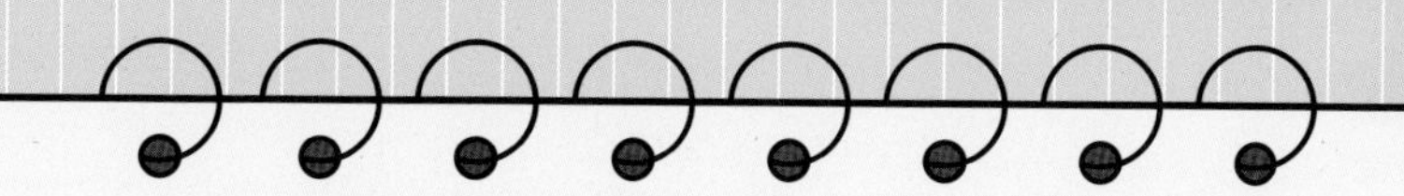

ㅏ침내 화학
ㅣ요. 과학자
ㅣ, 원자량과
ㅔ는 모두가
ㅓ에서, 같은
ㅏ는 사실을
ㅓ칙이 화학
ㅏ할 수 없어
ㅏ란, 분자운
ㅏ상수 외에
ㅣ현대의 지
ㅓ식으로든
ㅣ를 두고 있답니다.

교과서 심화 개념

분자량
분자의 질량을 뜻해요. 분자 1개 안에 있는 모든 원자의 원자량을 더하면 분자량이 된답니다.

빛의 산란
빛은 직진하다가 다른 물체나 입자를 만나면 반사돼요. 그런데 빛이 아주 작은 입자에 계속해서 부딪히면 사방으로 반사되며 흩뿌려져요. 이 현상을 산란이라고 한답니다. 하늘이 푸르게 보이는 이유는 파장이 짧은 푸른색 빛이 공기 중의 산소나 질소 입자에 더 잘 산란되기 때문이에요.

ㅣ피의 비율로만 반응해요.
조합해 화학식으로 나타낼 수 있어요.
모든 기체 분자가 같은 부피에 같은 수만큼

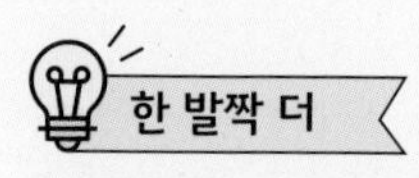

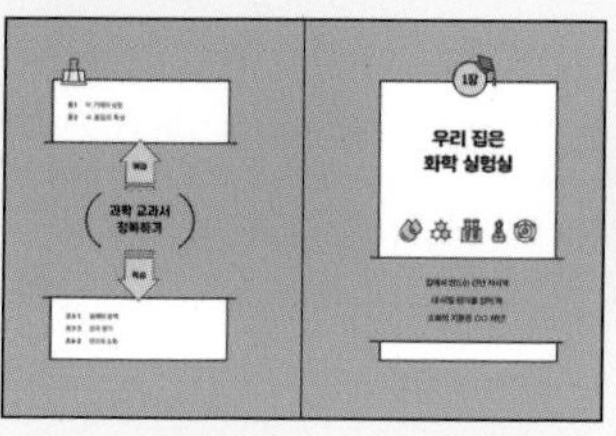

과학 교과서 정복하기

장마다 초등학교부터 중학교까지
학년별 교과연계 단원을 표시했어요.
예복습할 단원이 한눈에 들어와요.

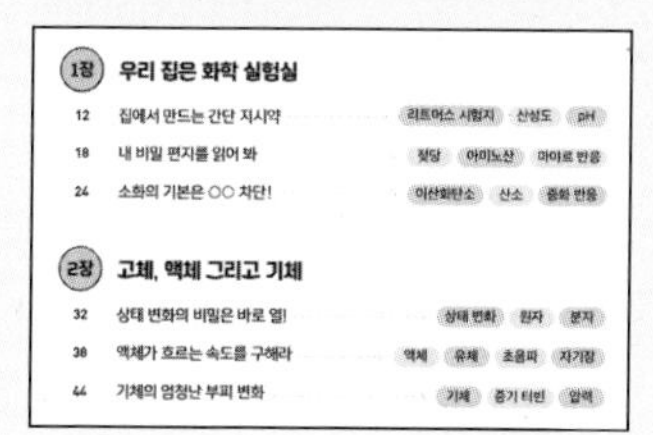

힘센 개념 미리보기

어디서 무슨 개념을 배울지 궁금한가요?
챕터마다 주제와 가장 연관이 깊으면서
중요한 개념을 차례에서 미리 살펴보세요.

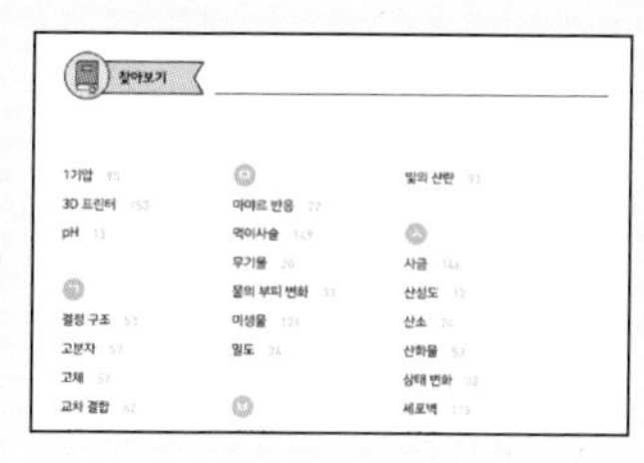

교과서 개념 찾아보기

책 속의 개념이 가나다순으로
몇 쪽에 있는지 정리되어 있어요.
궁금한 개념을 찾을 수 있도록 도와줘요.

이것만은 꼭 기억하세요

딱 3줄로 핵심만 요약했어요. 다음 챕터로 넘어가기 전에
배운 내용을 확실하게 이해하고 넘어갈 수 있어요.

차례

중1 Ⅳ. 기체의 성질

중2 Ⅵ. 물질의 특성

예습

과학 교과서 정복하기

복습

초5-1 용해와 용액

초5-2 산과 염기

초6-2 연소와 소화

우리 집은 화학 실험실

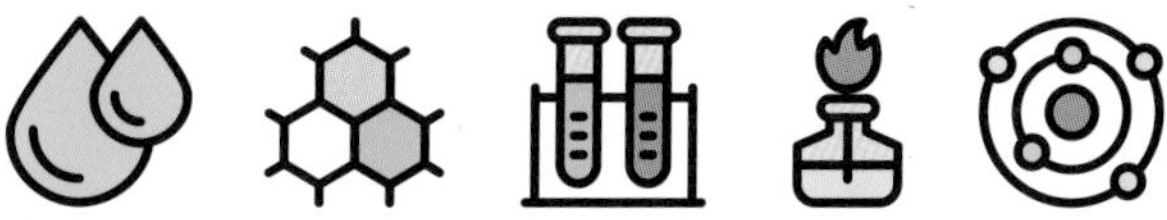

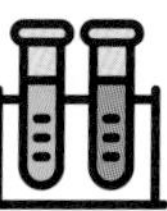

집에서 만드는 간단 지시약

내 비밀 편지를 읽어 봐

소화의 기본은 ○○ 차단!

집에서 만드는 간단 지시약

어떤 용액을 넣으면 색이 붉게 변하고, 또 어떤 용액을 넣으면 색이 푸르게 변해요. 만나는 물질에 따라 색이 자유자재로 휙휙 바뀌는 지시약은 물질의 성질을 한눈에 보여 주는 지표랍니다. 지시약은 집에서도 쉽고 간단하게 만들 수 있어요. 붉은 양배추로 지시약을 만들며 산성과 염기성에 대해 자세히 알아봐요.

교과서 핵심 개념

리트머스 시험지
물질이 산성인지 염기성인지 알려 주는 대표 지시약이에요. 산성 용액은 푸른 리트머스 시험지를 붉게, 염기성 용액은 붉은 리트머스 시험지를 푸르게 만들지요.

화합물
두 가지 이상의 서로 다른 원소가 만나서 이룬 물질이에요. 원래 원소의 성질과는 완전히 달라진답니다. 화합물을 이루는 원소들의 비율은 화합물마다 일정해요.

산성도
물질이 지니고 있는 산의 세기를 나타내는 말이에요. 보통 pH로 표시하지요.

요즘에는 어떤 생각의 옳고 그름을 가르는 기준을 **리트머스 시험지** 라고 부르는 경우가 많아요. 리트머스 시험지가 용액의 성분에 따라 색이 변하는 지시약이기 때문에 나온 말이지요.

지시약으로 쓰이는 물질은 특정한 물질과 반응해서 색을 띠는 물질을 만드는 **화합물** 이에요. 만들어진 물질의 색과 색의 진하기는 반응하는 물질의 성분에 따라 달라져요. 색이 변하는 지시약은 금속이나 질병의 종류, 습도 등 여러 가지를 나타낼 수 있답니다. 그중 가장 많이 쓰이는 건 물질의 **산성도** 를 알려 주는 산-염기 지시약이지요.

산-염기 지시약은 용액의 산성도에 따라 색이

바뀌어요. 앞서 말한 리트머스 시험지뿐만 아니라 페놀프탈레인, BTB 용액, 메틸오렌지 등 다양한 지시약이 있지요. 지시약은 대부분 산과 염기 모두와 반응할 수 있는 '양쪽성 유기 화합물'이에요. 지시약이 작용하는 원리는 다음과 같아요. 산성 용액에 있는 수소 **이온**(H^+)은 지시약 분자에 달라붙어서 **양전하**를 띠게 하고, 염기성 용액에 있는 수산화 이온(OH^-)은 지시약 분자에서 양자를 뺏어 와서 **음전하**를 띠게 해요. 지시약 분자의 양전하나 음전하 수에 따라 지시약의 색이 변한답니다.

자연에 있는 천연 유기 화합물도 산성도를 측정하는 지시약이 될 수 있어요. 가장 단순한 천연 산-염기 지시약은 식물 성분인 '폴리페놀'이 들어 있는 홍차예요. 신선한 홍차에 레몬 조각을 넣으면 홍차의 색이 흐려져요. 레몬즙에 든 산이 홍차의 색을 옅게 만들기 때문이에요. 반대로 염기성이 강할 때는 홍차의 색도 짙어지지요.

다른 천연 지시약으로는 '안토시아닌'이 있어요. 안토시아닌은 붉은 양배추, 검은콩, 오디처럼 붉은색이나 보라색, 푸른색을 띤 식물의 열매와 잎에 들어 있는 색소예요. 용액의 **pH**에 따라서 안토시아닌은 색의 진하기뿐만 아니라 색 자체도 변한답니다.

교과서 심화 개념

이온

원자가 전자를 잃거나 얻은 상태를 말해요. 예를 들어 수소는 원자핵과 전자 1개로 이루어져 있어요. 이 전자를 다른 원자에게 뺏기면 수소 원자는 수소 이온으로 변하지요. 원자핵 속의 양성자 수가 전자보다 많기 때문에 양이온이랍니다. 반대로 다른 원자로부터 전자를 뺏어 온 이온은 전자가 양성자보다 많아서 음이온이에요.

양전하와 음전하

보통 원자는 전기적으로 중성을 이루고 있어요. 하지만 전자를 잃으면 양전하, 전자를 얻으면 음전하를 띠게 되지요. 양전하를 띤 이온과 물질은 전지의 음극에 끌리고, 반대로 음전하를 띤 이온과 물질은 전지의 양극에 끌려요.

pH

물질에 있는 수소 이온의 수를 나타내는 단위예요. 수소 이온의 양이 분모로 들어가는 식을 사용하기 때문에 수소 이온의 수가 많을수록 pH값은 낮아지지요. '피에이치' 또는 '페하'라고 읽는답니다.

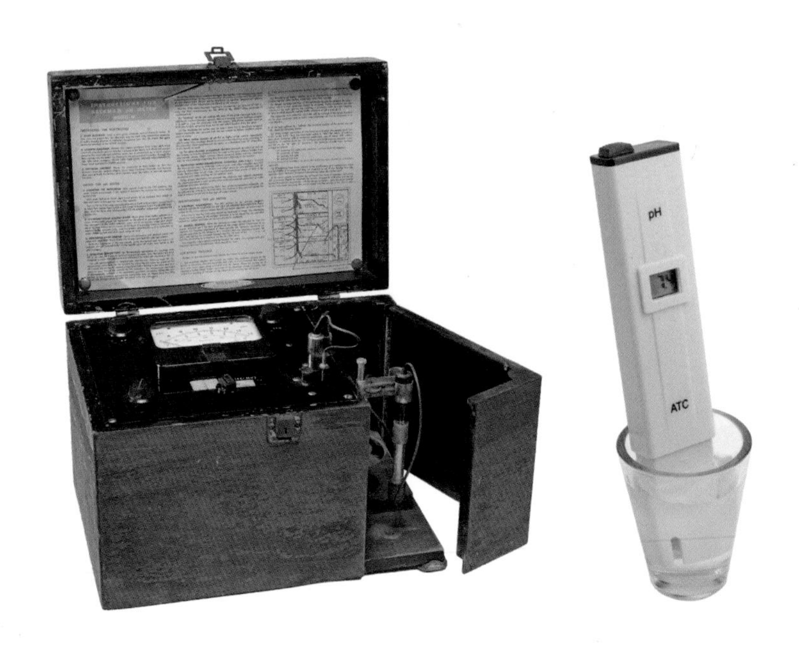

▲ pH 미터기. 왼쪽은 19세기 제품이며 오른쪽은 오늘날 널리 쓰는 미터기다.

pH는 용액의 산성도를 보여 주는 수치로, 수소 이온 농도를 값으로 나타낸 거예요. 수소 이온이 많으면 pH값이 작아지고, 수산화 이온이 많으면 pH값이 커져요. 예를 들어 산성이 가장 강한 물질의 pH는 이론적으로 0이지요. 수소 이온이나 수산화 이온이 만들어지지 않는 환경이라면 두 이온의 농도가 같기 때문에 pH는 7.0이에요. 이 상태가 바로 완전한 중성이지요. pH가 7보다 작으면 산성이고, 7보다 크면 염기성이랍니다.

집에서 만든 붉은 양배추 지시약은 상대적인 산성도만 측정할 수 있어요. 다시 말해 산성이 약한지 강한지를 구분할 뿐이에요. 이 방법으로는 정확한 pH값을 측정할 수 없어요. 정확한 pH값을 알려면 pH 미터기라는 특별한 장치가 필요하답니다. 그럼 함께 붉은 양배추 지시약을 만들어 봐요.

준비물

붉은 양배추 1통, 냄비 2개, 물, 거름망, 칼, 가위, 하얀 종이

만드는 법

❶ 붉은 양배추를 잘게 썰어요. 잘게 자를수록 안토시아닌이 더 많이 나와요.

❷ 냄비에 물을 부은 다음 자른 양배추를 넣고 끓여요.
물이 끓으면 불을 약하게 줄이고 30분 동안 가열하세요.

❸ 양배추를 끓이는 동안 하얀 종이를 가로 5~7밀리미터, 세로 3~4센티미터 크기의 직사각형으로 잘라요.

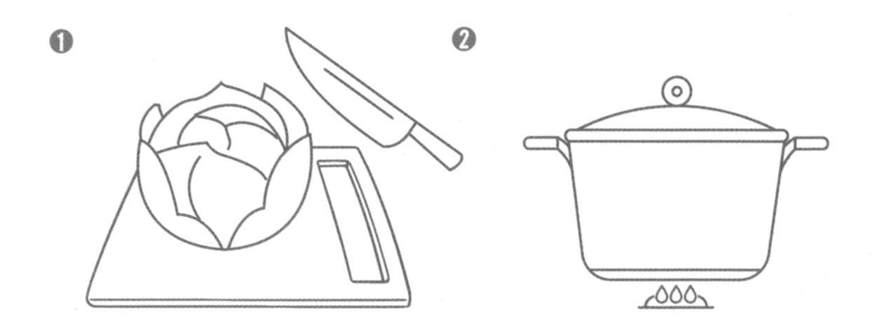

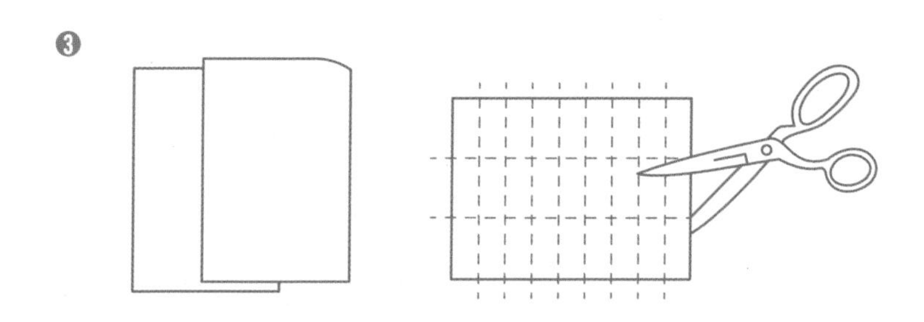

❹ 양배추 끓인 물을 거름망으로 걸러 다른 냄비에 옮겨 담아요.
삶은 양배추는 그냥 먹거나 요리로 만들어도 맛있어요.

❺ 양배추 끓인 물의 부피가 절반으로 줄어들 때까지 약한 불에서 더 끓이세요.
졸이면 졸일수록 지시약의 색이 더 진해져요.

❻ 양배추 끓인 물이 아직 뜨거울 때 종이를 담가요. 종이들이 서로 닿지 않게 주의하세요.
15~20분 기다렸다가 어두운 곳에 종이를 펼쳐 놓고 말리면 완성!

'지시약 종이'가 완성됐어요! 냉장고에서 pH값을 알고 있는 음식을 골라 집에서 만든 지시약을 시험해 봐요. 지시약 종이를 음식에 담갔다가 변한 색상을 아래의 사진과 비교해 보면 산성도를 알 수 있답니다.

▲ pH값에 따라 지시약의 색상이 변한다. 오른쪽으로 갈수록 pH값이 낮아지며 산성이 강해진다.

이것만은 꼭 기억하세요

- ☑ 지시약은 다른 물질과 반응한 결과를 색 변화를 통해 나타내는 화합물이에요.
- ☑ 가장 많이 쓰는 산-염기 지시약은 용액이 산성이면 붉게, 염기성이면 푸르게 변해요.
- ☑ pH는 물질에 들어 있는 수소 이온의 농도로 용액이 지닌 산의 세기를 나타내요.

내 비밀 편지를 읽어 봐

물질끼리 만나서 일으키는 반응을 화학 반응이라고 해요. 이때 물질의 성질이나 물질을 구성하는 분자의 생김새가 바뀌지요. 완전히 새로운 물질이 만들어지기도 해요. 화학 반응은 우리가 눈치채지 못하는 새에 어디서나 일어나고 있어요. 요리, 빨래 등 일상생활 속에서도 늘 화학 반응이 함께한답니다. 이번 실험에서는 화학 반응의 과정과 결과를 직접 눈으로 살펴볼 거예요.

?!

상상해 보세요. 편지를 받았는데 아무것도 없는 하얀 종이라면? 어떻게 해야 보이지 않는 글자를 읽을 수 있을까요? 다른 사람에게 들키지 않고 몰래 편지를 주고받아야 했던 스파이들은 이 문제의 답을 이미 오래전에 알고 있었어요. 꼭 스파이가 아니더라도 비밀을 지키고 싶은 사람은 많아요. 그래서 어떤 조건이 갖춰져야만 보이는 잉크는 옛날부터 사용됐어요. 〈변신 이야기〉라는 시로 유명한 고대 로마의 시인인 오비디우스는 보이지 않는 글을 쓰고 싶다면 우유를 이용하라고 조언했답니다.

비밀 편지를 쓸 수 있는 재료로는 우유, 레몬즙, 사과즙, 심지어 사람의 침도 있어요. 평범한 잉크와 아주 비슷한 투명 잉크도 있는데, 어리상수리혹벌 같은 기생 곤충이 참나무 잎에 만드는 혹인 '벌레혹'으로 만들지요. 원래는 벌레혹을 물에 담그거나 가열해서 차의 독특한 색을 내는 성분인 '타닌'을 추출한 뒤, 이 용액을 황산과 철의 화합물인 황산제일철과 섞어 썼어

▲ 보이지 않는 잉크를 만드는 데 쓰는 벌레혹

교과서 핵심 개념

녹말

전분이라고도 불러요. 감자, 고구마, 옥수수 같은 작물을 갈아서 물에 담근 뒤 가라앉은 앙금을 말려 만들지요. 녹말은 식물이 광합성으로 만들어 낸 당으로, 아주 복잡한 구조를 이루고 있어요. 우리 몸에 들어오면 탄수화물로서 에너지를 낸답니다.

유기물과 무기물

화학에서 말하는 유기물은 탄소를 갖고 있는 물질을 말해요. 탄수화물, 단백질, 지방, 비타민 같은 물질은 모두 탄소를 지닌 유기물이지요. 석탄이나 석유의 원료인 탄소화합물도 유기물에 속해요. 유기물은 생명체를 이루는 물질이기도 하답니다. 이와 달리 무기물은 탄소가 없는 물질이에요. 광물이나 금속은 대부분 무기물에 속하지요.

요. 이 잉크로 글을 쓰면 잉크가 마르면서 푸른 기가 도는 검은색 글씨가 보이게 되지요. 이렇게 만든 잉크는 20세기까지 사용됐답니다. 그러다가 타닌으로만 글을 쓴 뒤 읽기 직전에 황산제일철로 종이를 적시면 보이지 않던 글씨가 나타난다는 사실이 발견됐어요.

1995년, 미국 펜실베이니아주 피츠버그시에 있는 은행 두 곳에 강도가 들었어요. 강도는 마스크를 쓰지 않아 얼굴이 드러난 채였고, CCTV 카메라를 지나칠 때는 카메라를 똑바로 쳐다보면서 웃기까지 했지요. 저녁에 경찰이 강도를 찾아내자 강도는 아주 놀랐어요. 왜냐하면 강도는 자기 얼굴에 레몬즙을 발랐거든요! 레몬즙으로 쓴 글씨는 열을 가했을 때만 보여요. 강도는 레몬즙을 바른 얼굴이 투명해져서 열 가까이에만 가지 않으면 누구도 자기 얼굴을 보지 못할 거라고 생각했대요. 웃기지 않나요? 놀랍게도 실화랍니다.

자, 이제 스파이 놀이를 해 볼까요? 투명 잉크 만들기는 어렵지 않아요. 과일이나 채소즙, **녹말**, 사람의 피 같은 **유기물**로 만들어서 열을 가하면 글자가 나타나거든요. **무기물**로 만들기도 하는데, 이때는 산이나 알코올을 뿌리면 글자가 보여요. 우유와 전분가루, 황산구리로 세 가지 투명 잉크를 만들어서 비밀 편지를 써 봐요!

준비물

우유, 전분가루, 황산구리, 물, 아이오딘 용액, 암모니아 용액, 다리미, 붓, 하얀 종이

만드는 법

❶ 우유는 냉장고에서 꺼낸 우유를 그대로 쓰세요. 녹말풀은 전분가루와 물을 2:1 비율로 섞은 뒤, 따뜻해질 때까지 약한 불에서 저어 만들어요. 황산구리는 물에 녹여 주세요.

❷ 깨끗한 붓이나 면봉에 세 가지 투명 잉크를 각각 묻혀 종이에 비밀 편지를 써요. 잉크가 흐르지 않도록 평평한 곳에서 종이를 말리세요.

❸ 다 마르면 이제 해독을 해 봐요! 우유를 썼다면 뜨거운 다리미로 종이를 다려요. 녹말풀을 썼다면 종이에 아이오딘 용액을, 황산구리에는 암모니아 용액을 뿌리면 된답니다.

교과서 심화 개념

젖당

소나 사람의 젖을 포함해 포유류의 젖에는 젖당이 들어 있어요. 유당이나 락토오스라고도 부르지요. 사람에 따라서는 우유의 젖당을 분해하는 효소가 부족해 이를 제대로 소화하지 못하는 경우가 있어요. 그래서 우유를 마시면 배가 꾸르륵거리며 아프거나 심하면 설사를 하게 되지요. 이런 병을 유당불내증이라고 하는데, 특히 아시아인에게 많아요.

마야르 반응

식품에 열을 가했을 때 아미노산이 당과 반응해 갈색으로 변하는 반응을 말해요. 고기나 빵을 구우면 갈색으로 변하며 맛있는 냄새가 나는 이유는 마야르 반응이 일어났기 때문이지요. 단백질이나 탄수화물이 든 모든 식품에서 마야르 반응이 일어난답니다.

교과서 핵심 개념

아미노산

단백질을 이루는 기본 단위예요. 세상에는 총 20종의 아미노산이 있어요. 어떤 아미노산이 어떻게 결합하느냐에 따라 단백질의 종류나 성질이 달라진답니다.

짜잔! 나만의 비밀 편지가 만들어졌어요. 우유, 녹말풀, 황산구리 용액으로 쓴 보이지 않는 글자가 각각 열, 아이오딘, 암모니아와 만나면 마법처럼 나타나지요. 깨끗하던 편지에서 글자가 보이는 원리가 신기하지 않나요?

이제 어떻게 글자가 나타나는지 하나하나 살펴볼게요. 먼저 우유로 만든 투명 잉크에 열을 가하면 우유 속의 **젖당**과 **아미노산**이 **마야르 반응**을 일으켜요. 그러면 갈색 물질인 멜라노이딘을 비롯해 수많은 유기 화합물이 만들어지지요. 빵 껍질과 구운 고기, 끓인 설탕물이 갈색으로 변하는 건 멜라노이딘이 생겼기 때문이에요. 우유로 쓴 편지에도 이 멜라노이딘이 만들어져서 글자가 보이게 된 거지요.

녹말풀로 만든 투명 잉크에 뿌린 용액은 아이오딘 용액이지요. 아이오딘 용액은 녹말과 반응해 짙은 보라색을 띠는 화합물을 만들어요. 종이에도 약간의 녹말이 들어 있어서 조금 어두운 색으로 변한답니다.

마지막으로 황산구리와 암모니아가 화학 반응을 일으키면 짙은 파란색을 띤 수산화구리가 생겨요. 단, 이 실험에서는 글자가 옅은 파란색으로 나타난답니다. 황산구리 **포화** 용액으로 비밀 메시지를 쓰면 글자가 눈에 보여서, 실험에는 농도가 낮은 황산구리 용액을 사용하기 때문이지요.

SNS 시대에 투명 잉크가 필요한 이유는 뭘까요? 바로 범죄자들을 잡기 위해서죠! 예를 들어 지폐에는 겉으로 봐선 보이지 않는 메시지가 숨어 있어요. 자외선을 비추면 이 숨은 메시지가 보이기 때문에, 가짜 지폐와 진짜 지폐를 구별할 수 있지요. 지폐뿐만 아니라 투표용지나 그 밖의 기밀문서를 보이지 않게 만들면 상당히 쓸모 있답니다.

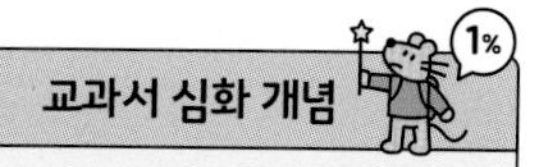

교과서 심화 개념

포화

물처럼 다른 물질을 녹일 수 있는 용매에 물질이 잔뜩 녹아 더 이상 녹을 수 없는 상태를 말해요. 포화될 때까지 필요한 물질의 양은 용매의 양, 온도, 압력 같은 여러 조건에 따라 조금씩 달라진답니다. 반대로 용매 속에 물질이 더 들어갈 수 있는 상태는 불포화예요.

이것만은 꼭 기억하세요

- 생물의 몸을 이루는 기본 단위인 단백질은 아미노산에 따라 종류나 성질이 달라져요.
- 아미노산과 당이 만나 음식의 향과 맛이 좋아지는 현상을 마야르 반응이라고 해요.
- 마야르 반응을 이용하면 우유로 눈에 보이지 않는 투명 잉크를 만들 수 있어요.

소화의 기본은 OO 차단!

불 덕분에 인류는 음식을 요리하고 집을 따뜻하게 하고 도구를 만들 수 있었어요. 동시에 불은 끔찍한 사고의 원인이 되기도 하지요. 화재는 전 세계에서 매년 500만 건이나 일어나며, 수많은 목숨을 앗아 가고 있어요. 다행히 화학에서는 화재를 진압하는 방법을 알려 주지요. 소화기를 직접 만들며 연소와 소화에 대해 배워 봐요.

?!

연소는 물질이 불에 타는 현상을 말해요. 연소가 일어나려면 '연소의 세 가지 요소'가 필요하지요. 바로 불에 탈 '재료'와 '온도' 그리고 '산소'예요. 예를 들어 종이나 마른 장작 같은 재료의 온도가 충분히 올라가면 불이 붙게 되지요. 여기에 산소가 계속 공급되면 불이 타오르며 화재가 발생해요. 다시 말해 이 세 가지 요소 중 하나라도 사라지면 불이 꺼진다는 이야기예요. 이 과정이 바로 소화지요.

우리는 생일 케이크에 초를 꽂아 장식해요. 생일을 맞은 사람은 소원을 빈 다음, 숨을 불어서 촛불을 끄고요. 숨을 불면 왜 촛불이 꺼질까요? 초에 불을 붙이면 원료인 밀랍이 녹으면서 나오는 증기에 불이 타올라요. 여기에 숨을 불면 날숨이 연료인 증기를 날려 버려서 불이 꺼지지요. 하지만 초가 더 이상 타지 않는 더 큰 이유는 날숨에 들어 있는 **이산화탄소**가 **산소**를 밀어내고 그 자리를 차지하면서 연료가 산소와 만나지 못하게 막기 때문이에요. 그래서 불이 꺼지게 되지요. 그 밖에도 물을 부어 온도를 내리거나 초를 부숴 불에 탈 재료를 없애는 것도 촛불을 끄는 방법이에요. 소화기는 이처럼 세 가지 요소 중 하나를 없애 화재를 막는 장치랍니다.

초기의 소화기는 물이 담긴 나무통이었어요. 불이 난 곳에 물통을 던지면, 나무통이 빠르게 타 버리고 안에 든 물이 나와 불을 껐지요. 나중에는 나무통에 화약심지를 붙였어요. 불에 던지면 통이 폭발해서 불을 끄게 한 거지요.

1813년에는 영국의 군인이었던 조지 맨비가 압축한 공기와 물이 들어 있는 금속 통으로 된 휴대용 소화기를 최초로 선보였어요. 맨비는 소화기 발명으로 잡지에 초상화가 실리고 영국 군수국과 해군 앞에서 소화기를 시연하기도 했어요.

교과서 핵심 개념

이산화탄소

탄소 원자 1개와 산소 원자 2개가 결합해 만들어진 물질이에요. 공기보다 무겁고 물에 잘 녹는 성질이 있어요. 생물이 호흡할 때와 탄소를 가진 물질을 태울 때 나오지요. 이산화탄소는 지구를 둘러싸 열을 가두는 온실가스 중 하나랍니다. 탄산음료의 톡톡 튀는 맛과 뽀글대는 거품은 물에 녹아 있는 이산화탄소 기체가 만들어 내지요.

산소

산소 원자 2개가 결합해 만들어진 물질이에요. 산소는 생물이 호흡할 때 꼭 필요하지요. 물질이 타기 위해서는 산소가 있어야 하고요. 우리에게 산소는 없어서는 안 되지만, 또 산소가 지나치게 많으면 화재가 쉽게 일어나는 데다 오히려 숨 쉬기 어렵답니다.

1863년 2월 10일, 미국의 기술자인 앨런슨 크레인은 자신의 소화기를 만들어 미국 최초로 특허를 냈어요. 마치 수류탄처럼 생긴 소화기에 튜브가 달려, 소화기를 던지면 불이 꺼지는 형태였답니다. 이후 19세기 말부터는 화학 성분도 화재를 진압하는 데 쓰이기 시작했어요. 질산칼륨, 황, 석탄을 섞은 혼합물을 사용했지요. 물질이 폭발하면서 생긴 증기로 불을 껐답니다. 혼합물에는 소듐, 백반, 그 밖에 여러 물질이 더해지기도 했어요.

교과서 심화 개념

중화 반응

산성 용액과 염기성 용액이 만나면 둘이 반응하며 각각 산성과 염기성을 잃고 물과 이산화탄소를 만들어 내요. 이 과정을 중화 반응이라고 해요. 두 용액 속의 물질에 따라 물, 이산화탄소 외에 또 다른 화합물이 만들어지기도 한답니다. 중화 반응 후에 남은 이 화합물을 '염'이라고 하지요.

오늘날 쓰는 거품 소화기의 원형은 20세기 초에 나타났어요. 러시아의 기술자인 알렉산더 로랑은 1904년에 독특한 방식의 소화기를 만들었어요. 산성 용액과 염기성 용액의 **중화 반응**을 통해 생기는 거품(포말)을 이용한 소화기였지요. 이 거품은 이산화탄소로 이루어져 있어서 불이 난 곳의 산소를 밀어내 버린답니다. 로랑의 소화기는 20세기 말까지 인기를 누렸지만, 효율이 떨어졌기 때문에 비슷한 원리로 작동하는 분말 소화기나 이산화탄소 소화기로 대체됐어요.

식초와 베이킹소다가 만나면 중화 반응이 일어나면서 이산화탄소 기체가 생겨요. 이산화탄소가 가득 찬 거품으로 소화기를 만들 수 있죠. 공기보다 무거운 이산화탄소는 촛불을 덮어 불을 끈답니다. 이 소화기는 불타는 휘발유도 진압할 수 있어요. 식초와 베이킹소다로 집에서 거품 소화기를 만들어 볼까요? 단, 만들 때는 꼭 부모님과 함께하세요. 반드시 장갑을 끼고 보호안경과 실험복을 착용해야 해요.

준비물

플라스틱병, 뚜껑이 있는 작은 유리병 2개, 낚싯줄, 열쇠고리의 고리 모양 부품 또는 둥글게 말아 묶은 철사, 1~1.5리터 볼 밸브가 달린 50센티미터 길이의 플라스틱 연결관, 실리콘 실란트(각종 재료의 결합 부위나 이음매를 메우는 재료), 눈금피펫(그어진 눈금만큼 정확한 양의 액체를 빨아들여 옮길 수 있는 유리관), 식초, 베이킹소다, 주방 세제

만드는 법

❶ 눈금피펫을 사용해서 유리병 안에 식초를 채우고 뚜껑을 꼭 닫아요.

❷ 미리 낚싯줄을 묶어 둔 유리병을 플라스틱병 바닥에 실리콘 실란트로 단단히 고정해요.
낚싯줄의 다른 끝은 열쇠고리의 고리 모양 부품에 단단하게 묶어요.
낚싯줄은 플라스틱병 길이보다 2배 길어야 해요.

❸ 플라스틱병에 물과 주방 세제를 넣어서 액체 비누를 만들어요.
그리고 베이킹소다 3~4큰술을 넣고 잘 섞어요.

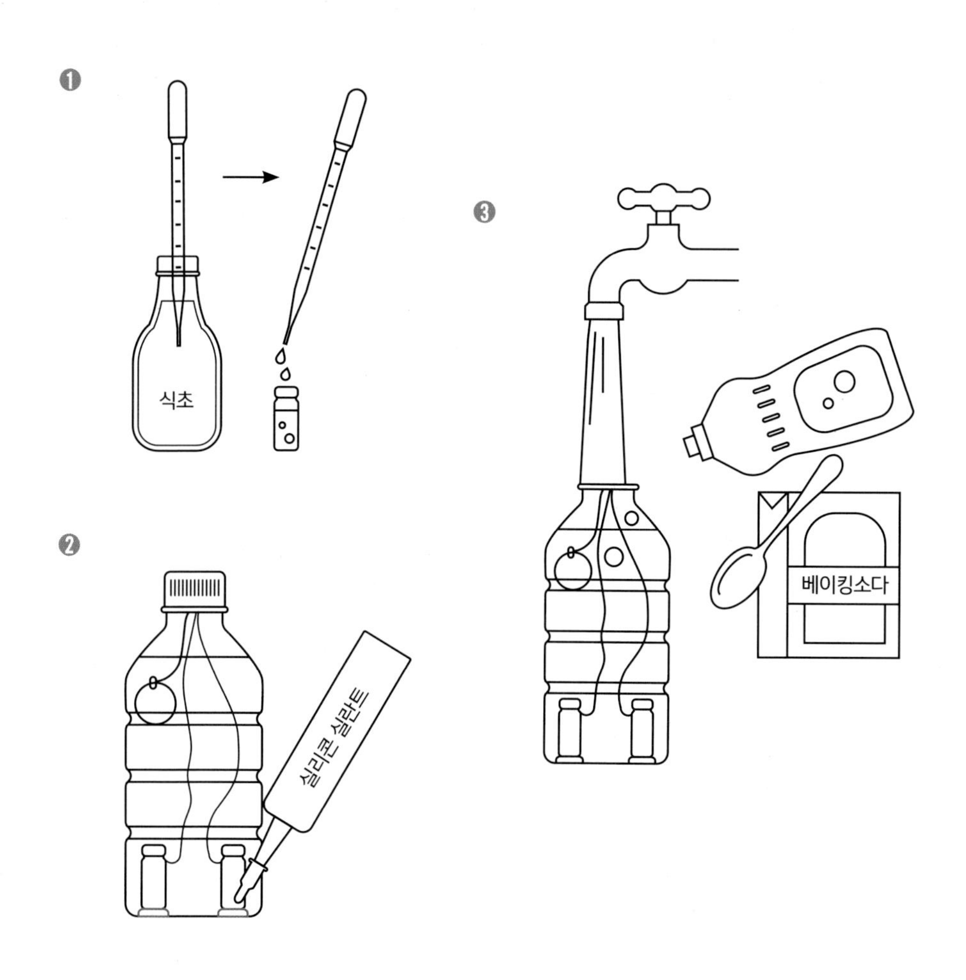

❹ 뚜껑의 구멍을 통해 낚싯줄을 밖으로 꺼내요.

낚싯줄은 '방아쇠'가 될 거예요. 뚜껑 틈새를 실리콘 실란트로 꼼꼼하게 막아요.

❺ 플라스틱병 뚜껑에 구멍을 뚫어 플라스틱 연결관을 꽂은 후, 볼 밸브와 또 다른 작은 관을 납땜해서 붙여요. 이 부분은 나중에 이산화탄소 거품을 빠른 속도로 내뿜기 위한 가느다란 관인 노즐이 된답니다.

❻ 모든 과정을 제대로 마치면 실험을 시작해요. 집 밖에서 하는 편이 좋아요. 사용하기 전에 소화기를 잘 흔들어서 액체 비누와 베이킹소다가 용액 속에서 고루 섞이게 해야 해요. 밸브 꼭지를 열고 안전핀을 잡아당겨요. 유리병 뚜껑이 열리자마자 식초가 든 유리병으로 액체 비누가 섞인 베이킹소다 용액이 들어가면서 엄청난 양의 이산화탄소가 생길 거예요. 소화기 속의 압력이 빠르게 높아지면서, 하얀 거품이 노즐에서 뿜어져 나온답니다.

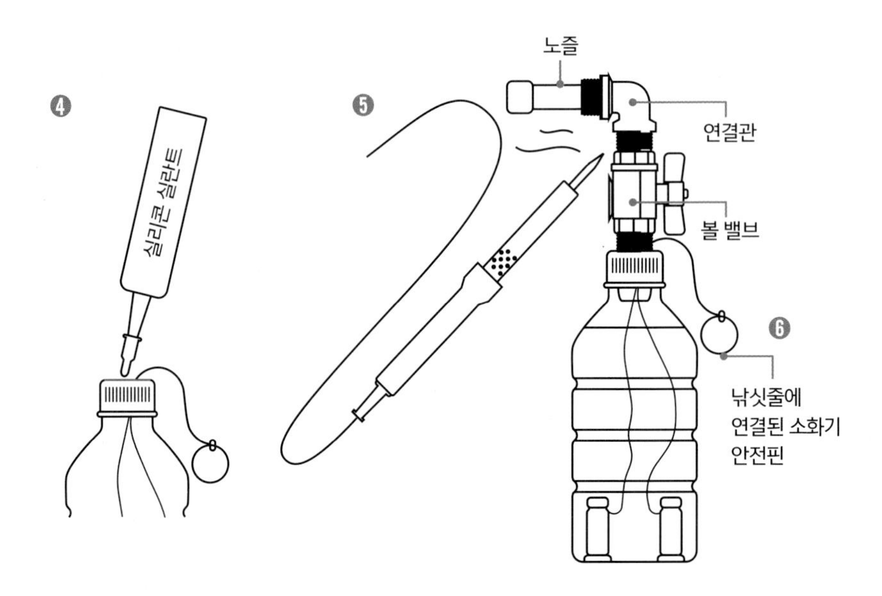

이 소화기는 다 쓰고 난 뒤에 다시 조립해서 또 쓸 수 있어요. 어디에 쓰면 편리할까요? 부모님께 드려 보세요. 프라이팬에서 기름이 탈 때 여러분이 만든 소화기가 가족을 구할 수도 있어요! 많은 양의 이산화탄소 거품이 한꺼번에 생기면서 불꽃에 공급되는 산소를 차단한답니다.

완성된 소화기. 중앙의 고리를 당기면 ▶ 이산화탄소 거품이 나온다.

이것만은 꼭 기억하세요

- 불이 타오르기 위해서는 불이 붙을 재료와 열, 산소가 필요해요.
- 산성 용액과 염기성 용액이 만나면 중화 반응이 일어나며 물과 이산화탄소가 만들어져요.
- 거품 소화기는 중화 반응을 통해 생기는 이산화탄소 거품으로 산소를 밀어내 불을 꺼요.

중1 Ⅳ. 기체의 성질

중1 Ⅴ. 물질의 상태 변화

중2 Ⅶ. 수권과 해수의 순환

중2 Ⅷ. 열과 우리 생활

과학 교과서 정복하기

초4-2 물의 상태 변화

초4-2 물의 여행

초5-1 온도와 열

초6-1 여러 가지 기체

고체, 액체 그리고 기체

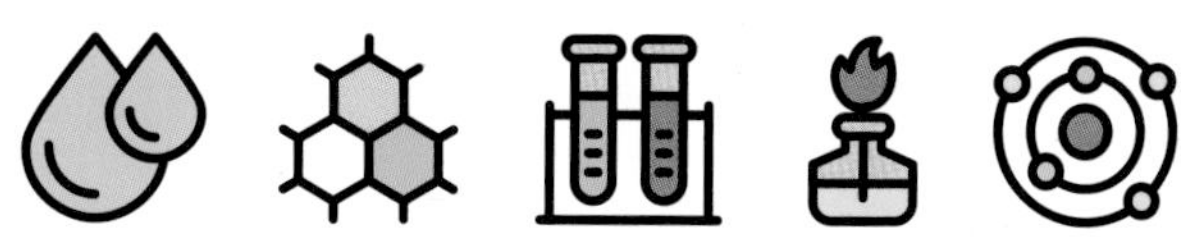

상태 변화의 비밀은 바로 열!

액체가 흐르는 속도를 구해라

기체의 엄청난 부피 변화

 상태 변화의 비밀은 바로 열!

물질의 상태를 바꾸는 가장 큰 힘은 열이에요. 열은 어디서 오고 어떻게 이동할까요? 활활 불이 타오르는 동안에는 무척 따뜻하잖아요. 불이 꺼지면 열은 사라지고요. 그런데 가스레인지의 불이 꺼지더라도 음식을 요리한 냄비에는 오랫동안 열이 남아 있어요. 불이 없어도 열이 생기고 있다는 뜻이지요. 이걸 어떻게 설명할 수 있을까요?

상태 변화

물질은 열과 압력에 따라 고체, 액체, 기체의 세 가지 상태로 변해요. 열을 받으면 고체는 액체, 액체는 기체로 바뀌어요. 반대로 열을 잃으면 기체는 액체, 액체는 고체로 변하지요.

열이 생기고 또 사라지는 과정을 이해하려고 과거 사람들은 다양한 이론을 내놓았어요. 17세기 사람들이 가장 널리 믿었던 가설은 열이 어떤 물체에도 파고들 수 있는 특수 물질이라는 것이었어요. 과학자들은 이 물질을 '칼로릭'이라고 불렀어요. 칼로릭은 물질 전체로 퍼질 수 있고 칼로릭과 결합하면 고체는 액체, 액체는 기체로 바뀔 수 있다고 여겼고요. 다시 말해 칼로릭이 물질의 **상태 변화**를 일으킨다고 생각했지요. 이 추론에 따르면 물체에 칼로릭이 많을수록 온도가 더욱 높아져요.

칼로릭의 존재를 증명하려고 노력했던 당시의 과학자들은 경험으로 얻은 사실을 믿었어요. 그들은 뜨거운 물체와 차가운 물체가 접촉하면, 뜨거운 물체는 차가워지고 차가운 물체는 뜨거워진다는 걸 관찰을 통해 알게

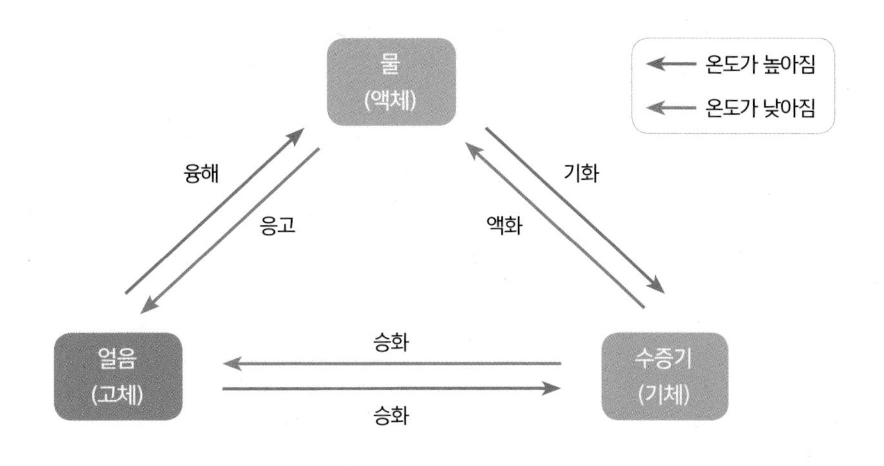

물질의 상태 변화 과정

됐지요. 마치 더 따뜻한 물체에서 더 차가운 물체로 뭔가가 쏟아지는 것처럼 보였답니다. 그들은 또 모든 물체는 두 가지 물질로 이루어져 있다고 생각했어요. 우리가 보는 물체와 같은 일반 물질, 그리고 칼로릭이지요.

물체에 열을 가하면 물체가 부풀어 오르거나, 부피가 더 큰 상태로 변해요. 칼로릭 이론을 믿는 사람들은 이 현상이 가열된 물체에 칼로릭이 있다는 근거라고 주장했어요. 반대하는 사람들은 얼어붙을 때 정반대의 현상을 보이는 **물의 부피 변화** 사례를 들어 반박했지요. 칼로릭을 믿는 사람들의 '논리'로 보면 냉각할 때는 칼로릭이 사라져야 하므로 얼어붙은 물의 부피가 작아져야 한답니다. 하지만 물이 얼면 부피가 팽창

교과서 핵심 개념

물의 부피 변화

보통 물질의 부피는 고체, 액체, 기체 순서로 커져요. 하지만 물은 특이하게도 고체인 얼음의 부피가 액체인 물의 부피보다 크답니다. 부피가 늘어도 질량은 그대로라 밀도는 줄어들지요. 물이 얼음으로 변할 때 분자 구조가 육각형으로 정렬되면서 그 안에 빈 공간이 생겨나기 때문이에요. 이 때문에 얼음은 물 위를 떠다닐 수 있답니다.

교과서 핵심 개념

밀도

일정한 부피 안에 들어 있는 물질의 양을 말해요. 밀도가 높다는 건 좁은 공간에 많은 양의 물질이 가득 들어차 있다는 뜻이지요. 밀도는 부피가 커질수록 낮아지기 때문에 고체, 액체, 기체의 순으로 밀도가 줄어든답니다.

하면서 **밀도** 가 줄어들지요. 냉동실에 따뜻한 물을 꽉 채운 병을 넣고 관찰하면 금방 알 수 있어요.

17세기 초반, 영국의 과학자 프랜시스 베이컨은 칼로릭을 정면으로 반박하는 가설을 세웠어요. 베이컨의 이론에 따르면, 열은 물체 안에 있는 '작은 입자의 움직임'이에요. 베이컨은 열이 입자들의 움직임 때문에 발생한다는 걸 관찰해 이 이론을 만들었지요.

예를 들면 대장장이 사이에서 오랫동안 전해 내려온 지식이 있어요. 망치를 계속 내려치면 차가운 철 조각이 뜨거워지지요. 게다가 아주 오랜 옛날부터 마찰을 통해 불을 얻는 방법도 알려져 있었어요. 나뭇가지를 서로 세차게 비비거나, 부싯돌끼리 부딪히면 불이 붙으니까요. 이런 지식을 바탕으로 과학자들은 열을 얻는 근원이 없어도 때리거나 마찰하는 것만으로 열을 낼

▲ 물은 다른 액체와 달리 고체로 변할 때 부피가 늘어난다. 그래서 물을 가득 채운 병을 얼리면 병이 깨질 위험이 있다.

수 있다는 걸 밝혀냈지요. 이 이론을 '열역학 이론'이라고 해요. 르네 데카르트와 로버트 보일, 로버트 훅, 미하일 로모노소프 같은 유명한 과학자들이 이 이론을 지지했답니다.

> **교과서 심화 개념**
>
> **열용량**
> 어떤 물질의 온도를 1도 올리는 데 필요한 열량을 말해요. 열용량이 높은 물질일수록 열을 쉽게 잃지 않아요. 그 대신 데우는 데 더 많은 에너지가 필요하지요.

1760년대 스코틀랜드의 물리학자이자 의사였던 조지프 블랙이 또 다른 실험을 했어요. 블랙은 질량이 같은 다양한 물질에 똑같이 열을 가할 경우, 물질마다 서로 다른 속도로 가열된다는 걸 알아냈지요. 블랙의 실험 덕분에 물질은 각각 다른 **열용량**을 갖고 있다는 걸 알게 됐답니다.

칼로릭 이론과 열역학 이론 모두 온기가 물체 안에 포함되어 있다고 믿은 공통점이 있어요. 칼로릭 이론에서는 물체가 열을 전달하는 물질인 칼로릭을 갖고 있고, 열역학 이론에서는 움직일 수 있는 '생명력'을 가진 입자가 물체 안에 들어 있지요. 이 '생명력'은 오늘날 운동에너지에 해당해요. 또한 열은 단순히 나타나거나 사라지는 게 아니라는 점도 같아요. 두 물체가 서로 만나면 하나는 열을 잃지만 다른 하나는 열을 얻으니까요. 한 물체에서 잃어버린 열을 다른 물체가 가져가는 거죠.

칼로릭과 열역학의 긴 싸움은 18세기 말에 미국계 영국인 벤저민 톰프슨이 진행한 실험 덕분에 끝이 났어요. 어느 날 톰프슨은 드릴로 대포에 구멍을 뚫다가 드릴과 대포 모두 엄청나게 뜨거워졌다는 사실을 깨달았어요. 그래서 실험을 해 보기로 마음먹었지요. 두 마리의 말이 이끄는 힘을 이용해 물속의 금속 원반에 무딘 드릴로 구멍을 뚫었더니 2시간 30분 후에 물이 끓기 시작한 거예요. 톰프슨은 이 실험을 통해 칼로릭은 존재하지 않으

▲ 톰프슨은 무딘 드릴과 말 두 마리를 이용해 물체끼리 마찰할 경우 아주 많은 열이 생긴다는 사실을 밝혀냈다.

며 입자의 움직임이야말로 열이 생기는 근원이라고 결론지었답니다.

19세기 중반에 이르러서는 세상이 **원자** 와 **분자** 등 작은 입자로 이루어졌다는 이론이 등장했어요. 과학자들은 드디어 열이 어디서 왔고 어떻게 만들어지는지 알게 됐지요. 칼로릭은 존재하지 않고, 열은 몸 안에 있는 입자들의 움직임 때문에 발생한다는 사실을요.

모든 물체는 끊임없이 움직이는 분자들로 이루어져 있어요. 분자들 하나하나에 **운동에너지** 가 있다는 뜻이지요. 게다가 고체와 액체 상태에서는 분자마다 **위치에너지** 도 있어요. 상호 작용을 하는 힘 때문에 주변 분자와 연

교과서 핵심 개념

원자
물질을 이루는 기본 입자이자 원소의 성질을 갖는 가장 작은 입자예요. 원자끼리 모여 분자를 이루고 물질을 만들지요. 원자는 양성자와 중성자로 구성된 원자핵 주변을 전자가 도는 모양을 하고 있어요.

분자
한 화학 물질의 성질을 갖는 가장 작은 입자를 말해요. 원자가 결합해 분자가 되지요. 분자들이 서로 어떻게 결합하느냐에 따라 물질의 상태가 결정된답니다.

결되어 있으니까요. 결국 우리 몸 안에 있는 것은 열이 아니라 내부에너지예요. 몸 안에 있는 입자의 운동에너지와 분자끼리 상호 작용하는 위치에너지를 합친 거랍니다.

열은 내부에너지의 일부로 또 다른 물체로 전달돼요. 여러분이 달리거나 자전거를 탈 때면 몸에 열이 생기지요. 얼굴은 붉어지고 체온도 살짝 오르면서 땀이 나기 시작해요. 이것은 여러분의 몸속에 열이 흘러서가 아니에요. 그저 여러분의 몸을 이루는 분자들이 더 빨리 움직이기 때문이지요. 그 결과 몸 안의 내부에너지가 증가한답니다. 고체가 액체로, 액체가 기체로 변하는 과정도 이것과 똑같아요. 열을 받은 분자들이 더 빠르고 활발하게 움직이면서 연결이 느슨해지고 결국 상태가 변하는 거랍니다.

교과서 심화 개념

운동에너지와 위치에너지

운동에너지는 물체가 운동할 때 갖는 에너지, 위치에너지는 물체의 높이에 따라 갖는 에너지예요. 두 에너지는 서로 자유롭게 바뀔 수 있지요. 예를 들어 가장 높은 곳에 올라가 멈춘 롤러코스터는 위치에너지만 갖고 있지만, 떨어져 내리는 순간부터 위치에너지가 운동에너지로 바뀌어요.

이것만은 꼭 기억하세요

- 물질이 열과 압력을 받아 고체, 액체, 기체로 변하는 것을 상태 변화라고 해요.
- 분자는 끊임없이 움직이며 운동에너지를 만들고 물질의 상태를 바꿔요.
- 물질의 상태 변화를 둘러싼 칼로릭과 열역학의 긴 싸움은 열을 원자와 분자의 움직임으로 본 열역학의 승리로 끝났어요.

액체가 흐르는 속도를 구해라

액체는 형태가 정해져 있지 않아요. 바닥이 막힌 용기에 담지 않으면 잡을 수 없고, 용기를 벗어나면 바닥으로 떨어져 버리지요. 약간만 기울어져도 흘러가고요. 이처럼 제멋대로 움직여 대는 액체가 흐르는 속도를 유속이라고 해요. 유속은 액체의 성질을 나타내는 중요한 특성 중 하나랍니다.

교과서 핵심 개념

액체

분자들끼리 느슨하게 이어져 형태가 자유자재로 변하는 상태예요. 액체를 가만히 두면 표면에서 분자의 연결이 끊어지며 액체가 기체로 변하는 증발 현상이 일어난답니다.

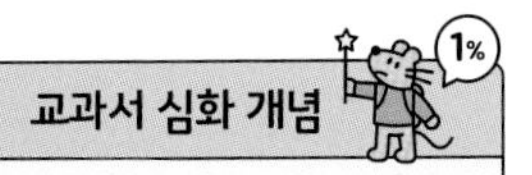

교과서 심화 개념

유체

기체나 액체처럼 흐를 수 있는 물질을 말해요. 유체가 흐르는 상태는 주변의 온도, 압력 등 환경에 따라 예측하기 어려울 정도로 변화무쌍하답니다.

유속이 빠른 **액체**는 주변 물체를 운반하거나 깎아 낼 수 있어요. 이와 달리 유속이 약한 액체는 한군데에 고이거나 운반하던 물체를 주변에 쌓기 쉽지요. 유속으로 유량도 알아낼 수 있답니다. 유량은 공간을 따라 흐르는 **유체**의 양이에요. 보통 일정한 시간 동안 일정한 공간에서 흐르는 양을 기준으로 하지요. 유량은 파이프처럼 갇힌 공간을 따라 흐르는 유체의 속도를 알면 계산할 수 있어요. 파이프의 크기는 쉽게 잴 수 있지만 물의 속도는 측정하기 어려워요. 물은 처음에는 느리지만 곧 세차게 흐르거든요. 어떻게 정확한 속도를 알아낼 수 있을까요? 유량계는 바로 이 유속을 이용해서 유체의 양을 계산하는 장치예요. 네 가지 유량계를 함께 살펴봐요.

첫 번째는 각운동량 유량계예요. 여러분의 집에서도 찾아볼 수 있을 만큼 각운동량 유량계는 널리 쓰여요. 우리가 쓴 수돗물의 양을 재는 수도 미터기가 바로 각운동량 유량계거든요. 이 안에는 빙글빙글 도는 프로펠러가 있어요. 파이프를 따라 물이 흐를 때 프로펠러가 회전한답니다. 프로펠러는 똑똑 떨어지는 물방울로는 꿈쩍도 안 하겠지만 물이 세차게 흐르면 매우 빠르게 회전할 거예요. 다시 말해 유량계 안을 흐르는 물의 속도에 따라 프로펠러가 돌아가는 속도가 바뀌지요. 이때 프로펠러의 날개 사이를 통과하는 물의 양도 함께 바뀌어요. 속도가 빠를수록 그만큼 많은 양의 물이 지나가지요. 이 원리를 이용하면 프로펠러가 한 번 회전할 때마다 지나가는 유량을 알아낼 수 있어요. 기온까지도 유량 계산에 영향을 미치기 때문에 뜨거운 물과 차가운 물에 쓰는 유량계가 따로 있답니다. 각운동량 유량계는 쉽게 만들 수 있는 데다 저렴해요. 하지만 항상 물에 닿는 프로펠러는 망가

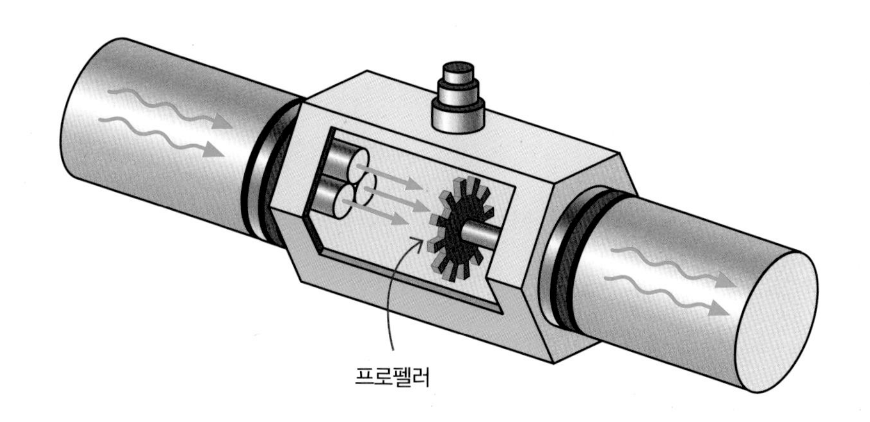

각운동량 유량계

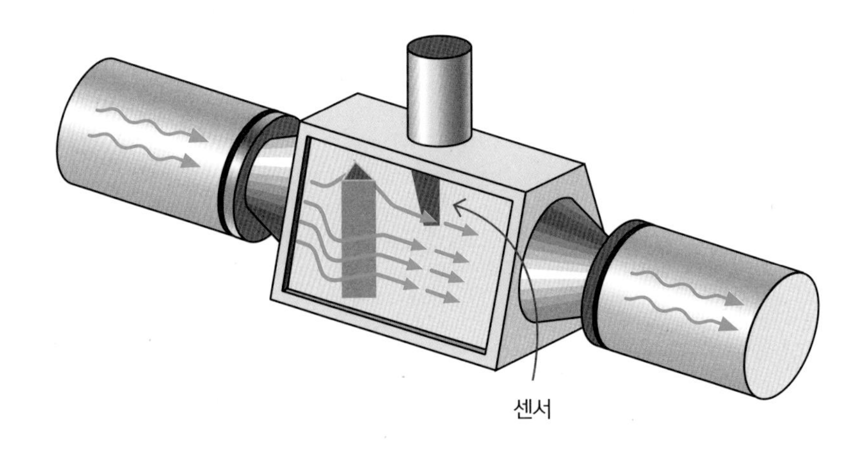

와류 유량계

지거나 세찬 물살에 짓눌리기 쉬워요. 또 물을 매우 적게 튼다면 프로펠러가 아예 돌아가지 않을 수도 있어요.

두 번째로 와류 유량계는 '와류'라고 하는 물리 현상을 바탕으로 한답니다. 액체나 기체는 이동하다가 장애물을 만나면 부딪치는 대신 장애물을 피해 옆으로 움직여요. 이런 움직임을 바로 와류라고 해요. 유체가 빠르게 움직일수록 와류 현상이 더 자주 일어난답니다. 와류 유량계에는 특별한 감지기가 있어서 와류가 생기면 양옆으로 뒤흔들려요. 감지기가 움직이는 횟수나 움직임의 크기를 보면 유속을 알 수 있지요. 액체뿐만 아니라 기체의 부피까지 측정할 수 있어 유용하답니다. 하지만 아주 정확하다고는 할 수 없어요. 압력이나 온도도 유체의 흐름에 영향을 주기 때문이지요.

세 번째는 **초음파** 유량계예요. 달리는 열차 지붕 위에서 걸으면 얼마나 빨리 걸을 수 있을까요? 답은 걷는 방향이 기차가 달리는 방향과 같다면 걷는 속도를 기차 속도에 합치고, 반대라면 걷는 속도를 기차 속도에서 빼는 거예요. 초음파 유량계도 비슷한 원리를 이용한답니다. 먼저 파이프 안으로 2개의 신호를 보내요. 하나는 유체의 흐름과 같은 방향으로 움직이지만 나머지 하나는 유체의 흐름을 거슬러 움직여요. 유체의 흐름과 반대로 움직이는 신호가 더 느리지요. 초음파 유량계는 유량계 안에 있는 감지기로 각각의 신호를 잡아낸 뒤, 두 신호의 시간차를 이용해 평균 유속을 계산해요. 이 유량계는 유체의 흐름을 방해하는 부품이 없어 편리하답니다. 하지만 설치비가 꽤 들고 어디서든 쓸 수 있는 건 아니에요. 매우 크고 곧게 뻗은 파이프가 필요하거든요. 또 오물이 파이프에 쌓이면 감지기가 작동하지 못할 거예요.

교과서 심화 개념 1%

초음파

파동이 단위 시간 동안 진동하는 횟수를 주파수라고 해요. 소리의 경우 주파수가 낮으면 음도 낮아지고 주파수가 높으면 음도 높아지지요. 사람이 들을 수 있는 주파수의 범위는 한정되어 있어요. 이 범위보다 주파수가 더 높은 소리는 사람이 들을 수 없지요. 이런 소리를 초음파라고 한답니다. 박쥐나 돌고래는 초음파로 자신과 주변의 위치를 알아내요.

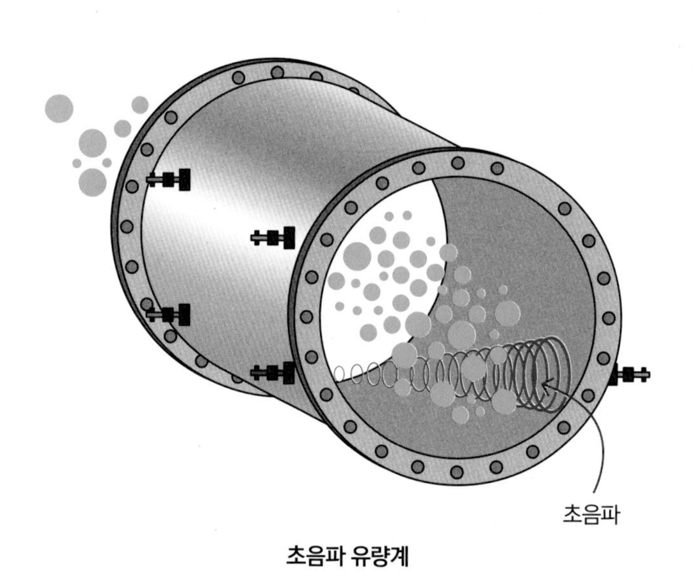

초음파 유량계

교과서 핵심 개념

전도체

전기를 잘 전달하는 물질을 말해요. 금속과 인체는 모두 전도체랍니다. 물 역시 대부분 전하를 옮길 수 있는 불순물이 포함되어 있기 때문에 전도체예요.

자기장

자석끼리 당기거나 밀어내는 힘을 자기력이라고 해요. 자기력은 자석을 중심으로 일정한 공간에서만 힘을 발휘할 수 있는데, 이 공간이 바로 자기장이랍니다. 자기력이 크면 클수록 자기장도 넓어져요.

네 번째는 전자기 유량계예요. 아무런 불순물도 들어 있지 않은 완벽하게 순수한 물인 증류수를 제외하면, 물은 전기가 잘 통하는 **전도체** 예요. 만약 물의 흐름이 **자기장** 을 지난다면 전기를 발생시키기 시작할 거예요. 영국의 화학자 마이클 패러데이가 세운 전자기 유도 법칙에 따르면 이렇게 발생한 전기의 크기는 자기장의 세기(B), 전극 사이의 거리(I) 그리고 유속(V)이라고 하는 세 가지 값에 달려 있답니다. 자기장의 세기와 전극 사이의 거리가 정해져 있기 때문에 유속을 계산하기 쉽지요. 전자기 유량계는 매우 정확해서 우리 몸속의 피가 흐르는 속도까지 측정한답니다!

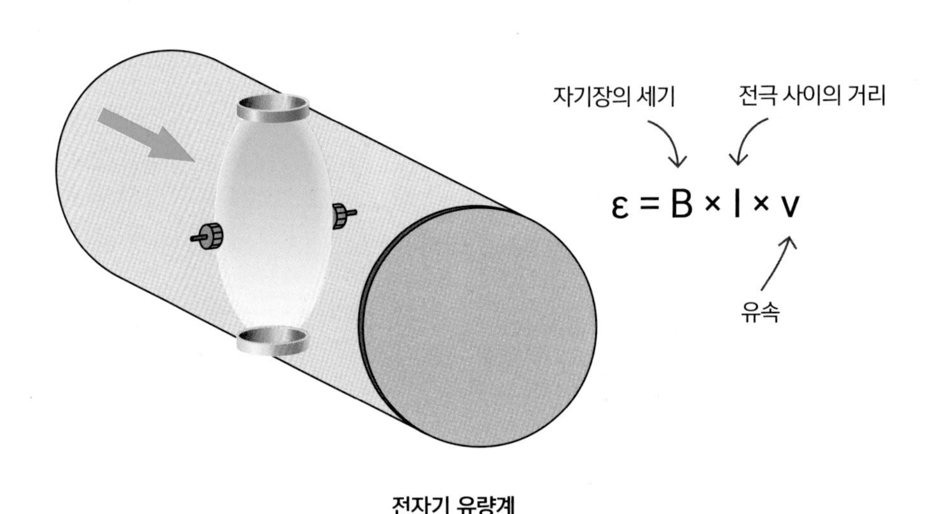

전자기 유량계

유량계는 가정이나 공장, 큰 규모로 작물을 기르는 농장 등 유량을 정확히 재어야 하는 곳 어디에나 있어요. 물의 유량을 측정하는 이유는 우리가 지금 얼마나 많은 양의 물을 쓰고 있는지 알아내기 위해서기도 해요. 쓴 물의 양을 알면 앞으로 써야 할 양을 조절해 물을 아낄 수 있으니까요. 다시 말해 더 정확한 유량계를 만드는 일은 미래를 위한 일이기도 하답니다.

- 유량계는 유체가 흐르는 속도인 유속을 이용해 유량을 계산하는 장치예요.
- 유량계에는 각운동량 유량계, 와류 유량계, 초음파 유량계, 전자기 유량계가 있어요.
- 패러데이의 전자기 유도 법칙을 이용한 전자기 유량계는 우리 몸에 피가 흐르는 속도를 잴 만큼 아주 정확해요.

기체의 엄청난 부피 변화

물을 끓이면 수증기가 나와요. 정확히 말하자면 액체인 물이 기체인 수증기로 변한 거지요. 액체가 기체로 변할 때 가장 큰 특징은 부피가 갑자기 확 늘어난다는 거예요. 분자끼리 묶여 있는 액체와 달리, 기체를 이루는 분자들은 사방팔방 자유롭게 돌아다니니까요. 기체의 부피 변화는 산업혁명까지 이끌었답니다.

교과서 핵심 개념

기체
물질을 이루는 분자들의 연결이 끊어져 분자가 자유롭게 돌아다니는 상태예요. 이 때문에 부피가 크고 매우 빠르게 움직이지요.

열에너지
물체의 온도를 바꾸거나 상태 변화를 일으키는 열 형태의 에너지를 말해요. 열에너지는 열과 달리 전도, 대류, 복사의 형태로 이동하지 않아요.

150년 동안 기차와 배, 심지어 자동차마저 **기체** 인 수증기의 힘으로 움직였어요. 바로 '증기 기관'이지요. 증기 기관은 어떻게 움직일까요? 물이 끓고 있는 주전자를 살펴보기만 해도 증기 기관의 원리를 이해할 수 있어요. 주전자 밖으로 나오려는 수증기의 힘 때문에 뚜껑이 들썩거릴 테니까요. 이런 **열에너지** 를 기계적 움직임으로 바꾸는 장치가 증기 기관이랍니다.

원리는 간단하지만 증기 기관을 발명하기는 쉽지 않았어요. 왜냐하면 수증기의 압력을 조절하기가 어려운 데다 물을 끓이는 데 연료가 아주 많이 필요했기 때문이지요. 많은 사람이 18세기 스코틀랜드의 기술자 제임스 와트가 증기 기관을 처음 발명했다고 알고 있는데, 정확한 사실은 아니에요. 비록 원시적이긴 하지만 증기 기관의 형태를 제일 처음 생각해 낸 사람은 고대 그리스의 위대한 기술자인 알렉산드리아의 헤론이었거든요. 무려 1세기 시대의 사람이었어요. 그는 커다란 공 모형에 노즐이 붙은 '아에올리스'라는 장치를 발명했지요. 노즐을 통해 분출되는 수증기의 힘으로 공이 회전하는 장치랍니다.

> **교과서 심화 개념** 1%
>
> **증기 터빈**
> 수증기의 힘으로 날개를 돌려 에너지를 만들어 내는 기계예요. 증기 터빈은 지금도 화력 발전소에서 쓰이고 있답니다. 화석 연료를 태워 물을 끓여 만든 수증기로 전기를 만들어 내지요.
>
> **피스톤**
> 액체나 기체의 힘으로 실린더 안을 왕복하는 기계를 피스톤이라고 해요. 이렇게 왕복하는 힘으로 바퀴나 기계를 움직이지요.

제대로 된 증기 기관은 시간이 훨씬 많이 흐른 16세기가 되어서야 발명됐어요. 아랍의 기술자인 타끼 딘이 수증기의 압력으로 회전하는 날개 장치를 부착한 **증기 터빈**을 만들었고, 이후 이탈리아의 기술자인 조반니 브랑카도 1629년에 그와 유사한 증기 터빈을 개발했지요. 하지만 이 장치들은 터빈을 돌리는 과정에서 수증기를 심각하게 낭비한다는 결함이 있었어요.

17세기는 땅속, 특히 석탄 광산에서 물을 퍼내는 기술이 필요한 시대였어요. 17세기 말, 프랑스의 물리학자인 드니 파팽은 수증기를 이용해 물을 끌어 올리는 증기 기관을 만들었어요. 물을 퍼 올리는 장치로는 **피스톤**을 썼지요. 수증기를 넣으면 피스톤이 내려갔다가 수증기가 빠져나가면서 다시 올라오는데, 이때 아래에 있는 물이 따라 올라왔답니다. 파팽의 증기 기관으로는 1분에 약 27킬로그램의 물을 끌어 올릴 수 있었지요.

비슷한 시기, 영국의 발명가인 토머스 세이버리 역시 수증기를 이용해 물을 끌어 올리거나 기계를 돌릴 수 있는 증기 기관으로 특허를 냈답니다.

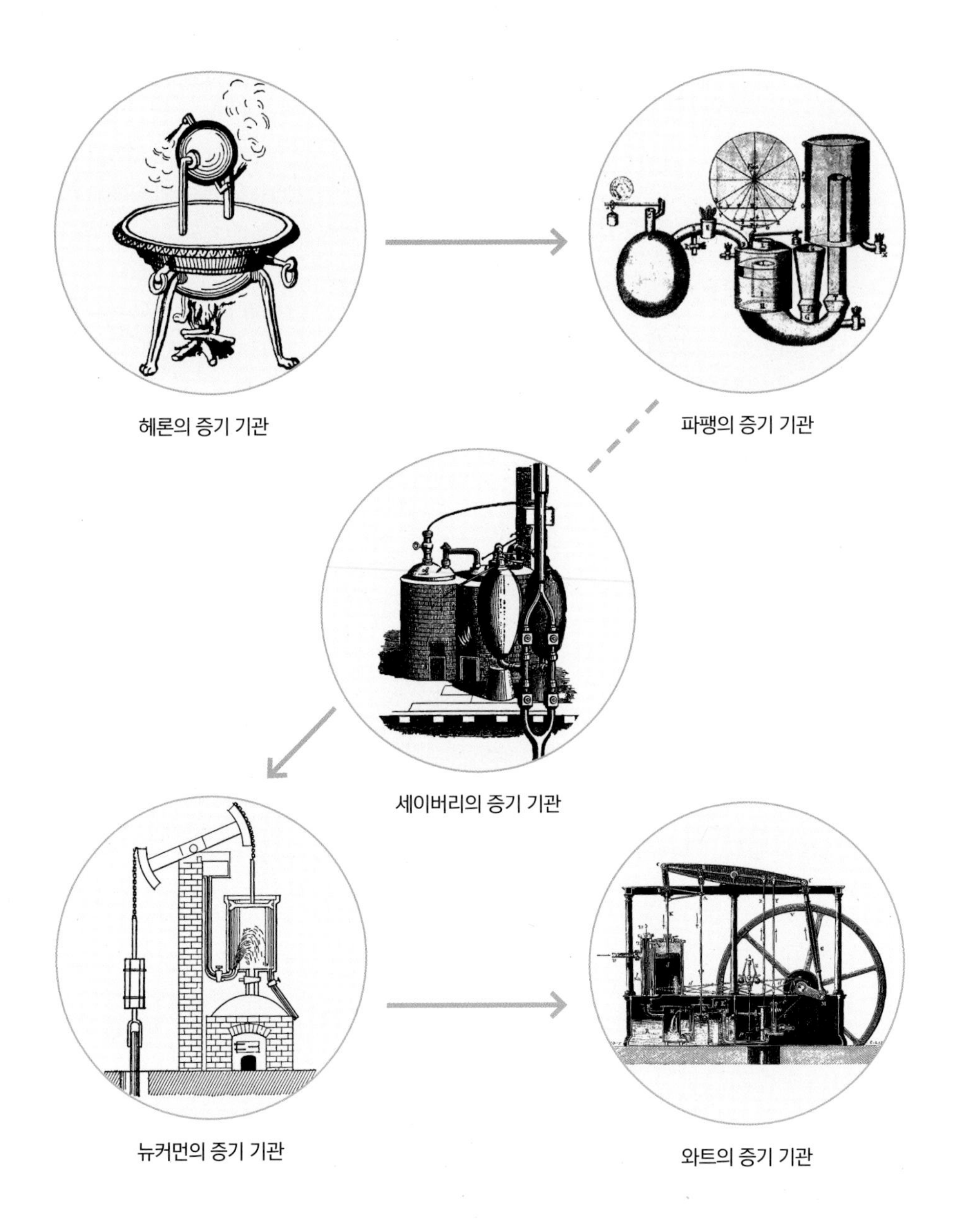

수증기를 이용한 증기 기관의 발전 과정

사방이 꽉 막힌 탱크에 뜨거운 수증기를 가득 채운 후 차가운 물로 열을 식히면, 압축 증기가 생기면서 탱크가 **진공** 으로 변해요. 그 상태에서 탱크와 땅을 파이프로 연결하면 광산 속에 있는 물이 파이프를 통해 탱크로 이동하게 되고, 다시 탱크를 뜨겁게 만들어 안에 든 물을 탱크 밖으로 빼내는 거예요. 하지만 이 엔진은 15미터 밑에 있는 물은 빼내기 어려운 데다 연료도 지나치게 많이 들어갔어요.

교과서 핵심 개념

진공

어떤 공간에 원자가 하나도 존재하지 않는 상태를 말해요. 하지만 이렇게 완전히 텅 빈 상태를 만들기는 쉽지 않기 때문에 보통 공기가 없거나 거의 없는 상태도 진공이라고 불러요. 우주는 진공 상태랍니다.

교과서 심화 개념

실린더

원통 모양을 한 용기예요. 실린더 안을 피스톤이 오르내리면서 다른 부품에 힘을 전달한답니다.

증기 기관을 처음으로 실용화하는 데 성공한 발명가는 영국의 기술자인 토머스 뉴커먼이에요. 뉴커먼은 이전 장치들의 단점을 보완하기 위해 수직 **실린더** 로 된 피스톤 탱크를 증기 보일러에 연결시켰어요. 실린더에 뜨거운 수증기를 넣으면 피스톤이 왕복 운동을 하며 증기 기관을 움직이지요. 뉴커먼은 탱크를 움직이는 피스톤에 가죽 마개를 씌워 실린더를 꽁꽁 밀봉하고 수증기의 기압차를 이용해 물을 끌어 올리게 했어요. 이 장치는 효율이 고작 1퍼센트 미만이었는데도 약 50년 가까이 수많은 광산에서 사용됐지요. 제임스 와트가 더 효과적이고 강력한 증기 기관을 발명하기 전까지 말이에요.

뉴커먼이 만든 장치는 한 번 올라온 피스톤을 내리려면 뜨거워진 실린더에 물을 뿌려 수증기를 식혀야 했어요. 기껏 물을 데웠다가 다시 식히는 과정에서 엄청나게 많은 에너지가 낭비됐지요. 와트는 이 문제를 해결하기

▲ 팝콘은 옥수수 알갱이 안의 수분이 수증기로 변하는 힘 때문에 부피가 40배나 더 커진다.

위해 수증기를 모으고 압축할 수 있는 응축기를 탱크 밖에 따로 만들었어요. 실린더와 응축기 사이의 관을 열었다 닫았다 반복하는 과정에서 수증기가 뜨거워지기 때문에 실린더 안의 피스톤을 움직이는 데 열이 덜 낭비됐지요. 또 와트는 수증기가 밖으로 새어 나가지 않도록 피스톤을 더욱 촘촘하게 밀봉해 효율을 높였답니다. 피스톤의 왕복 운동을 회전 운동으로 바꾸는 장치인 '크랭크'를 생각해 낸 사람도 와트예요. 크랭크를 단 덕분에 탄광의 물을 퍼 올리는 장치로만 쓰였던 증기 기관은 다양한 공장에서 활약하게 됐답니다. 1769년에 특허를 인정받은 와트는 이때부터 증기 기관뿐 아니라 그와 연관된 산업용 기계들을 활발하게 개발하기 시작했어요. 이 덕분에 산업혁명이 일어나고 기술이 발전하게 됐지요.

수증기의 힘은 팝콘을 만드는 데도 쓰여요. 팝콘은 물이 끓는 온도인 100도보다 높은 온도에서 기름에 튀겨져요. 높은 열이 가해지면 옥수수 배젖에 있는 수분이 빠르게 증발해요. 하지만 단단한 껍질이 있어서 수증기는 빠져나갈 수가 없지요. 이렇게 응축된 뜨거운 수증기는 부드러운 녹말을 젤리처럼 만들어요. 그러다가 온도가 180도에 이르면 알갱이 안의 압력이 너무 높아져서 수증기가 옥수수 알갱이를 터트리며 빠져나오게 되지요. 팝콘을 튀길 때 나는 특유의 소리는 높은 압력 때문에 수증기가 폭발하면서 나는 소리랍니다. 팝콘 속 공간이 울림통처럼 작용해서 옥수수 터지는 소리가 더 크게 울리죠.

알갱이가 터지면 알갱이 속의 **압력**은 급격하게 떨어지고 수증기는 팽창하면서 녹말을 함께 부풀려요. 배젖 성분은 공기에 노출되면 빠르게 식으면서 단단해지는데 원래 부피보다 40배나 더 커진답니다. 영화관에서 팝콘을 먹을 땐 수증기의 힘을 생각해 보세요.

교과서 핵심 개념

압력

일정하게 정해진 단위 면적에 가해지는 힘을 말해요. 열과 마찬가지로 물질의 상태 변화를 일으키는 원동력이지요. 같은 온도라고 하더라도 압력이 아주 높으면 기체가 액체나 고체로 변할 수 있답니다.

이것만은 꼭 기억하세요

- 열이나 압력을 받아 액체인 물이 기체인 수증기로 변하면 부피가 확 늘어나요.
- 팝콘이 터지는 것처럼 압력은 높은 곳에서 낮은 곳으로 이동하는 특성을 가지고 있어요.
- 산업혁명을 이끈 와트의 증기 기관은 수증기의 압력을 이용해 피스톤을 움직이고 기차의 바퀴를 굴렸어요.

중1 IV. 기체의 성질

중1 V. 물질의 상태 변화

중2 I. 물질의 구성

중2 VI. 물질의 특성

예습

과학 교과서 정복하기

복습

초3-1 물질의 성질

초4-1 혼합물의 분리

초5-1 온도와 열

그 무엇도 아닌 놀라운 상태

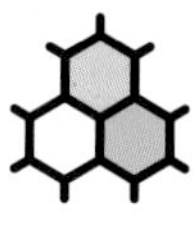

흘러내리는 고체? 딱딱한 액체?

액체괴물 속에 숨은 물질의 상태

기체처럼 보이지만 아닌 것

흘러내리는 고체? 딱딱한 액체?

책에서 고개를 돌려 벽을 보세요. 집이든 학교든, 벽에는 창이 있을 거예요. 그리고 창에는 대부분 유리가 끼워져 있지요. 유리는 단단해서 당연히 고체라고 생각하지만 사실 고체와는 조금 달라요. 그렇다고 해서 액체도 아니에요. 분자끼리 단단하게 결합해 형태를 유지하고 있으니까요. 이런 특이한 구조 때문에 유리는 인류에게 꼭 필요한 존재가 됐답니다.

교과서 핵심 개념

고체
물질을 이루는 분자가 서로 단단하게 결합된 상태예요. 분자가 서로를 붙잡고 있기 때문에 물질의 형태가 변하지 않지요.

고체인 것 같기도 하고 액체인 것 같기도 한 유리는 어떻게 만들어졌을까요? 고대 로마 제국의 역사가 플리니우스는 《자연사》에 유리가 발명된 이야기를 썼어요. 페니키아 상인들이 세탁용 소다인 탄산소듐으로 만든 '벽돌'을 운반하고 있었어요. 저녁이 되자 상인들은 요리를 하기 위해 불을 피워야 했어요. 강가에서 돌을 찾을 수 없어 자신들이 실어 나르던 '벽돌'로 화덕을 만들었지요. 다음 날 아침, 화덕에 쓰인 탄산소듐 벽돌이 녹으면서 모래와 섞여 전에는 보지 못했던 투명한 물질로 변해 있었어요. 유리였지요. 상인들은 귀금속과 닮은 유리를 보자마자 사람들이 많이 찾을 것이라고 생각했어요. 그래서 비법을 감춘 채 자신들만 유리를 만들기 시작했답니다.

수백 년 동안, 유리는 믿을 수 없을 정도로 비쌌어요. 옛사람들은 보석

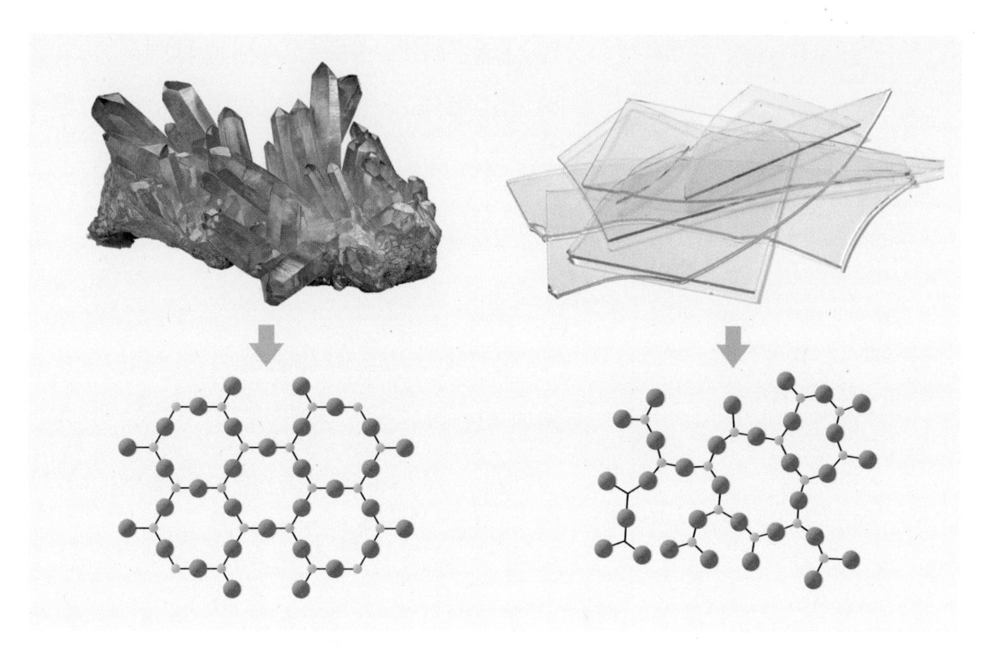

▲ 석영의 결정 구조(왼쪽)와 유리의 비정질 구조(오른쪽)

과 고급 식기를 만들 때 유리를 사용했답니다. 심지어 금속 **산화물** 을 섞어서 색유리를 만들기도 했지요. 로마 사람들은 이 방법을 몰라 시리아와 이집트 상인에게 많은 돈을 내고 유리를 사 와야 했답니다. 결국 로마 제국은 동쪽 세상을 정복하면서 그들이 숨기고 있던 기술까지 손에 넣었어요.

다양한 종류만큼이나 사용되는 곳도 많은 유리에는 독특한 특성이 있어요. 유리는 액체 상태에서 식어 굳을 때 **결정 구조** 가 생기지 않은 채 고체 상태로 변해요. 이런 불규칙한 구조를 '비정질'이라고 한답니다.

> **교과서 심화 개념**
>
> **산화물**
> 한 물질이 산소와 결합해 만들어진 화합물이에요. 녹슨 철은 철의 산화물이지요.
>
> **결정 구조**
> 물질을 이루는 원자가 공간 속에서 규칙적으로 배열된 구조를 말해요. 우리가 보는 고체의 대부분은 결정 구조를 이루고 있지요.

교과서 핵심 개념

용융
고체가 열을 받아 녹아내리며 액체로 변하는 현상이에요. 다른 물질에 녹는 게 아니라 고체 그 자체가 녹는 것을 말하지요. 예를 들어 철이 열을 받아 액체로 변하는 것은 용융이지만 소금이 물에 녹는 것은 용융이 아니라 용해랍니다.

혼합물
물질끼리 서로 섞여 있기만 하고 반응은 일어나지 않은 상태예요. 각 물질의 성질을 이용하면 혼합물에서 원래의 물질을 분리할 수 있답니다.

교과서 심화 개념

용광로
금속이나 유리 같은 고체에 높은 열을 가해 용융시키는 장치예요. 용융로라고도 하지요.

이 구조 때문에 유리는 고체 상태에서 투명할 뿐 아니라 열에 잘 견디고 빛을 반사하며 비교적 단단한 데다 전기가 통하지 않아요. 이 특성은 유리 표면에 얇은 필름을 붙이거나 유리를 만들 때 다른 물질을 섞으면 변한답니다.

전 세계에서 만들어지는 유리는 어떤 것이든 **용융** 된 이산화규소를 기본으로 해요. 이산화규소는 모래를 이루는 주요 화합물이고요. 빵이나 과자를 만들 때처럼 유리 공장에서는 원료의 무게를 달아 마른 상태에서 원료를 섞어요. 이것을 원료 **혼합물** 이라고 한답니다. 이후 혼합물을 **용광로** 에 부어 모든 원료를 녹이고 1,600도에서 불순물을 없애 필요한 물질만 남겨요. 원하는 대로 모양을 만들 수 있는 끈끈한 액상 유리가 점차 식으면서 비정질 물질이 되고 독특한 특성도 생겨나지요.

그런 다음 유리를 식혀 평평하게 펴요. 19세기에는 유리를 평평한 모양으로 만들기 위해 실린더 속으로 유리를 불어 넣고 실린더를 조각냈어요. 이 방법은 비싼 데다 오래 걸리기까지 했지요. 1901년, 벨기에의 발명가인 에밀 푸르코는 롤러를 이용해 유리가 판 형태로 위에 떠오르는 방법을 생각해 냈어요. 그가 고안한 방법 덕분에 1914년에 창 유리를 대량 생산할 수 있었답니다.

그러나 이렇게 만든 유리는 완벽히 평평하지는 않았어요. 1950년대 후

▲ 유리는 녹인 재료를 식혀 만든다.

> **교과서 핵심 개념** 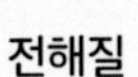
>
> **전해질**
>
> 용매에 녹았을 때 이온으로 분리돼 전기를 통하게 하는 물질이에요. 전해질인 소금을 물에 녹이면 소듐 이온과 염소 이온으로 분리되며 용액에 전류가 흐를 수 있게 되지요. 하지만 설탕은 물에 녹아도 이온으로 변하지 않기 때문에 전해질이 아니랍니다.

반, 영국의 발명가 앨러스터 필킹턴과 케네스 비커스태프가 금속을 이용하는 '플로트법'을 고안해 평평한 판유리를 생산하는 라인을 최초로 가동하기 시작했어요. 그들이 고안한 방법은 오늘날에도 유리 공장에서 여전히 사용되고 있지요. 600도까지 식힌 액상 유리를 용융된 주석에 부으면 유리의 밀도가 주석보다 낮아서 유리가 용융된 주석 위에 고르게 퍼지고 울퉁불퉁한 구석 없이 광이 난답니다. 그 뒤 컨베이어 벨트를 따라 완전히 식어 단단해진 유리를 목적에 맞게 가공해요. 그럼 우리가 아는 유리가 되지요.

유리를 이산화규소로만 만들지는 않아요. 여러 가지 재료를 더 넣는데, 어떤 재료를 넣느냐에 따라 특성이 달라져요. 순수한 규소를 녹인 이산화규소는 내열 유리의 재료예요. 아주 강한 빛을 내고 일반 조명기구보다 수명이 긴 할로겐램프에 사용되지요. 납 산화물이 들어간 유리는 모양을 더 다듬기 쉽고 투명하면서 빛이 잘 굴절돼요. 그래서 아름답게 조각하는 크리스털 유리, 천문대나 연구소의 대형 망원경에 들어가는 광학 유리로 쓰이지요. 산화알루미늄도 유리에 섞어요. 그러면 유리가 열에 강해지기 때문에 유리로 식기, 오븐, 벽난로 등을 만들 수 있지요. 마지막으로 붕소 산화물이 있으면 유리가 혹독한 환경과 급격한 기온 변화에도 잘 견딜 수 있어요. 그래서 실험 도구와 광학 유리를 제작할 때 사용된답니다.

스마트폰과 태블릿 PC는 특수 유리로 덮여 있어요. 이 유리는 두께가 100마이크로미터(1마이크로미터는 100만분의 1미터)에서 2밀리미터 사이로 매우 얇아요. 게다가 외부의 충격에 쉽게 깨지지 않고 흠집도 잘 나지 않아야 하지요. 그래서 단단한 판유리를 **전해질** 역할을 하는 용융염 속에 담가요. 전류를 흘리면, 유리 속의 소듐 이온이 포타슘 이온으로 바뀌면서 특수 유리가 만들어진답니다.

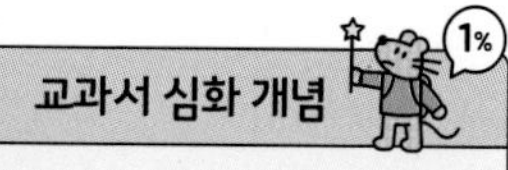

고분자
아주 많은 양의 분자로 이루어진 물질을 말해요. 우리 몸을 이루는 단백질은 대표적인 천연 고분자지요. 반대로 사람이 만들어 낸 고분자를 합성 고분자라고 하는데, 플라스틱이나 인조 고무가 여기 속한답니다.

유리가 잘 깨진다는 것은 누구나 아는 사실이에요. 그러나 유리도 단단해질 수 있어요. 예를 들어 자동차 창문에는 강화 유리와 합판 유리가 쓰여요. 이런 유리는 충격에 더 잘 견디지요. 깨진다고 해도 날카로운 조각으로 산산이 부서지지는 않을 거예요. 대신에 깔끔하게 금이 가지요. 유리를 650도에서 680도까지 가열한 후 아주 빠르게 식혀서 만든답니다. 참, 합판 유리는 얇은 **고분자** 필름을 판유리 2장 사이에 발랐기 때문에 정확히 말하면 '진짜 유리'는 아니에요. 여러 재료를 섞어 서로의 장점을 살린 복합 재료에 속한답니다.

이것만은 꼭 기억하세요

- 유리는 다른 고체와 달리 결정 구조를 이루지 않기 때문에 투명하고도 단단해요.
- 고체인 물질이 뜨거워지면서 액체로 상태가 변하는 현상을 용융이라고 해요.
- 용융된 이산화규소에 납, 산화알루미늄 등을 섞으면 망원경에 쓰이는 광학 유리나 내열 유리를 만들 수 있어요.

 액체괴물 속에 숨은 물질의 상태

치약은 고체일까요, 액체일까요? 가만히 두면 잠깐이나마 형태를 유지하지만 힘을 받으면 죽 늘어나면서 흘러내리지요. 정확히 말하면 액체지만, 가해지는 힘의 크기와 방향에 따라 고체의 성질을 띠기 때문이에요. 이처럼 고체와 액체의 성질을 모두 갖고 있는 장난감이 있어요. 바로 '액체괴물'이라 부르는 슬라임이지요. 슬라임을 만들며 또 다른 물질의 상태를 함께 공부해요.

> **교과서 핵심 개념**
>
> **점성**
> 꿀이나 액체풀은 매우 끈끈해요. 유체의 흐름을 방해하는 힘인 점성이 높기 때문이지요. 다시 말해 점성이 높다는 건 매우 끈적하고 끈끈하다는 의미랍니다.

손에 쥐고 늘였다 줄였다 하면서 재밌게 놀 수 있는 슬라임은 어린이들뿐만 아니라 어른들에게도 엄청난 인기를 끌었어요. 슬라임이 인기를 얻게 된 이유는 단단하면서도 잘 늘어나는 기묘한 특성 덕분이지요. 액체나 기체 같은 유체는 '뉴턴 유체'와 '비뉴턴 유체'의 두 종류로 나뉘어요. 뉴턴 유체는 **점성**이 변하지 않는데, 대표적으로 물이 여기에 해당돼요. 물은 아무리 많이 휘저어도 액체 상태 그대로예요. 그릇을 떨어트리면 사방으로 물이 튀어 오르지요.

슬라임은 '비뉴턴 유체'처럼 행동해요. 비뉴턴 유체는 뉴턴 유체와 달리 점성이 변할 수 있어요. 다시 말해 가해지는 힘에 따라 고체와 액체 둘 다 될 수 있답니다. 독특한 성질이라 흔하지 않을 것 같지만 사실 비뉴턴 유체

▲ 비뉴턴 유체인 꿀(위)은 가만히 두면 고체처럼 형태를 유지하지만 용기에 담거나 물체에 부딪히면 액체처럼 퍼지며 형태가 변한다. 반면에 뉴턴 유체인 물(아래)은 가만히 두어도 흘러내린다.

교과서 핵심 개념

붕사

붕사와 붕산은 이름이 비슷하지만 서로 다른 화합물이에요. 붕사는 자연에서 나오는 광물로 여기에 염산 같은 산성 용액을 반응시키면 붕산이 만들어지지요. 붕사와 붕산 둘 다 슬라임의 재료로 쓸 수 있어요.

는 우리 주변에서 쉽게 볼 수 있어요. 꿀이나 요거트, 케첩, 치약, 심지어 우리 몸에 흐르는 피도 비뉴턴 유체거든요! 예를 들어 고여 있는 꿀은 돌처럼 단단하지만 오랫동안 저어 주면 액체가 되지요. 슬라임도 마찬가지예요. 손에서 놓으면 고체처럼 뚝 떨어지지만 건드리지 않고 놔두면 액체처럼 바닥에 넓게 퍼진답니다.

슬라임과 마찬가지로 재미있는 성질을 보여 주는 비뉴턴 유체를 하나 소개할게요. 세숫대야에 전분을 넣고 물을 부어 끈적끈적한 전분물을 만드세요. 그대로 대야를 들어 기울이면 조금 느리긴 하지만 조금씩 흘러내릴 거예요. 또 대야를 바닥에 놓고 손가락을 전분물 안에 슬슬 집어넣으면 쑥 들어갈 거고요. 꿀이나 요거트에 숟가락을 넣는 느낌과 비슷하지요. 하지만 전분물 위를 빠르고 세게 내리치면 갑자기 전분물이 단단한 벽처럼 변할 거예요. 강한 힘을 받으면 순간적으로 분자 구조가 정렬되며 고체 같은 성질을 띠기 때문이랍니다.

그럼 직접 슬라임을 만들어 볼까요? 슬라임을 만들기 위해서는 목공용 풀과 점성을 높여 주는 점증제가 필요해요. 물에 **붕사**를 녹여 쓰거나, 약국에서 파는 붕산 용액를 점증제로 사용하면 편해요. 단, 붕사는 약하지만 우리 몸에 좋지 않은 영향을 미칠 수 있어요. 아주 조금만 쓰거나 처음부터 붕산 용액을 사용하세요. 두 재료 모두 절대로 입에 넣거나 먹으면 안 돼요.

목공용 풀의 초산비닐수지 성분은 서로 자유롭게 이동할 수 있는 비닐알코올 분자 때문에 액체 상태로 존재해요. 하지만 목공용 풀에 붕사나 붕

준비물

목공용 풀, 면도크림, 붕사 또는 붕산 용액, 물감, 재료를 섞을 용기, 슬라임 보관 용기, 숟가락

만드는 법

❶ 면도크림과 목공용 풀을 부드러워질 때까지 섞어요.

❷ 물에 녹인 붕산과 물감을 그릇에 넣고 섞어 주세요. 붕산 용액을 쓴다면 용액을 그대로 넣으면 돼요. 진득해진 덩어리가 더 이상 그릇 벽에 달라붙지 않을 때까지 저어요.

❸ 슬라임을 갖고 논 뒤에는 마르지 않도록 뚜껑이 있는 깨끗한 병에 넣고 서늘한 곳에 보관하세요.

1

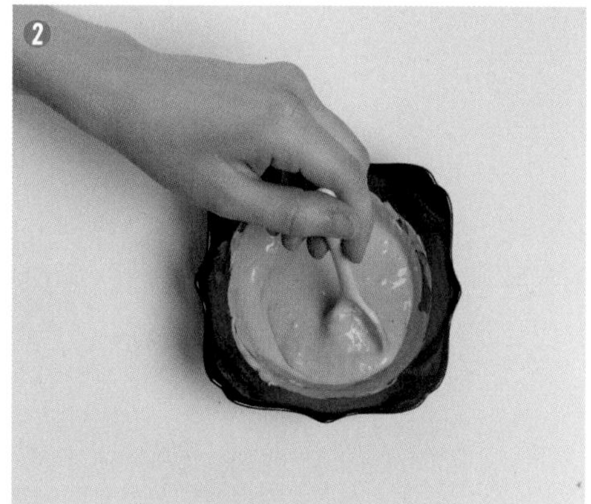
2

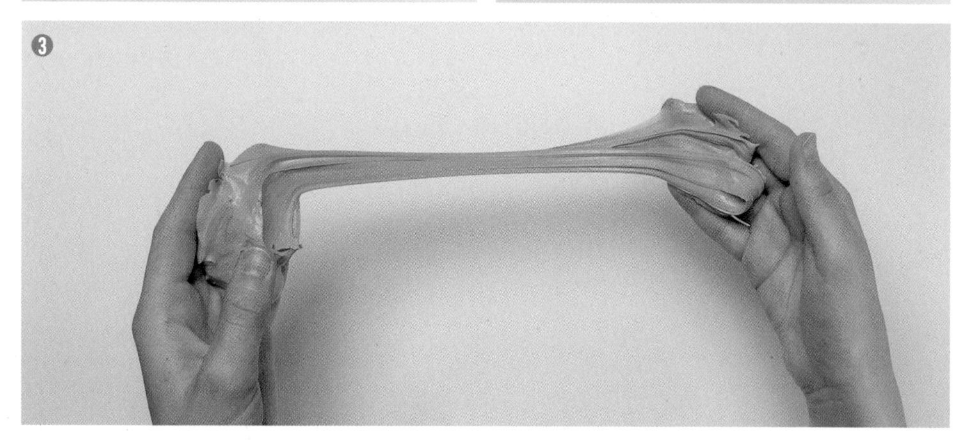
3

> **교과서 심화 개념**
>
> 
>
>
> **유동성**
> 액체가 흘러내리면서 움직이는 성질을 말해요. 점성이 높을수록 유동성이 낮답니다.
>
> **교차 결합**
> 고분자 물질의 사슬끼리 이루는 화학 결합이에요. 고분자 물질 사이를 마치 다리처럼 이어 단단하게 고정하는 역할을 하지요.

산 용액을 넣으면 **유동성**이 줄어들지요. 붕사나 붕산은 비닐알코올 분자 사이에 **교차 결합**을 형성하는데, 이 결합은 고분자를 붙잡아 형태를 어느 정도 유지하긴 하지만 혼합물을 고체로 만들 만큼 강하진 않아요. 그래서 고체와 액체의 성질을 모두 지닌 물질이 만들어지지요. 원한다면 색소나 반짝이, 작은 스티로폼 볼 같은 장식을 추가해도 좋아요. 상상력을 발휘해 마음껏 꾸며 보세요!

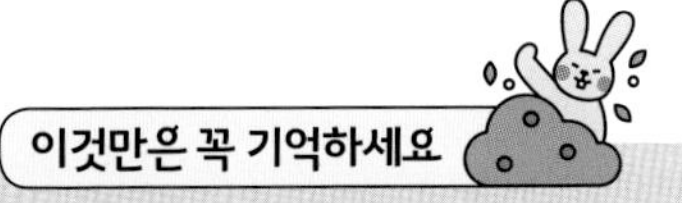

이것만은 꼭 기억하세요

- 점성은 유체의 끈끈한 성질로 점성이 높을수록 잘 흐르지 않고 끈적끈적해요.
- 치약이나 꿀은 액체지만 가해지는 힘에 따라 고체의 성질을 띠는 비뉴턴 유체예요.
- 점증제를 이용하면 고체와 액체의 성질을 모두 지닌 액체괴물을 만들 수 있어요.

기체처럼 보이지만 아닌 것

고체를 가열하면 분자 사이의 결합이 끊어져 액체가 돼요. 그대로 계속 가열하면 액체는 증발해서 기체로 변할 거예요. 이 상태에서 온도가 더 올라가면 어떻게 될까요? 기체가 열을 받아 부풀어 오를 만큼 부풀다가 더는 움직일 수 없다면 분자에 이어 원자까지 에너지를 받아 움직이기 시작해요. 그러면 제4의 물질 상태인 '플라스마'가 나타난답니다.

기체는 원자로 이루어져 있는 반면, 플라스마는 원자가 전자를 잃거나 얻은 상태인 이온으로 가득 차 있어요. 다시 말해 전자를 하나 이상 잃은 양전하 이온과 **자유 전자**가 뒤섞여 있지요. 이온과 전자가 서로 끌어당기고 두 입자가 결합하면 중성 전하, 다시 말해 원자가 된답니다. 그런데 플라스마에서는 이온과 전자가 결합하는 중성화가 일어나지 않아요. 왜 그럴까요? 먼저 높은 온도로 이온과 전자가 너무 빠르게 이동하기 때문이에요. 이러면 서로 만나기 힘들지요. 게다가 낮은 압력도 입자의 결합을 방해해요.

교과서 심화 개념

자유 전자
원자핵의 양성자가 당기는 힘에서 풀려나와 일정한 공간 안에서 자유롭게 이동하는 전자예요.

원자에서 전자를 없애는 데 필요한 최소 에너지나 온도는 원소마다 달라요. 하지만 대부분 수천 도 이상의 매우 높은 온도지요. 그래도 여전히 '차가운 플라스마'예요. 자연에서는 불이나 번개, 오로라 모습으로 발견된답니다.

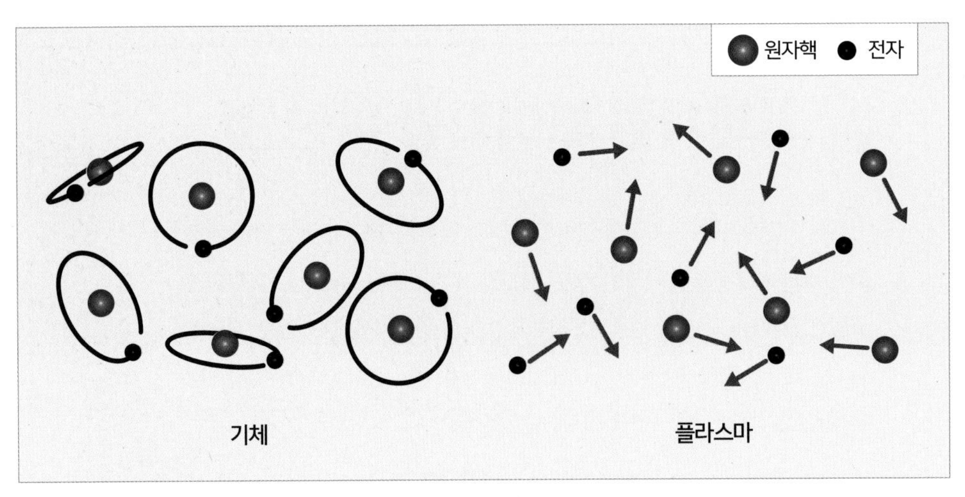

▲ 기체는 원자핵이 전자를 단단히 붙잡고 있지만, 플라스마 안에서는 원자핵과 전자가 자유롭게 돌아다닙니다.

> **교과서 심화 개념**
>
> **빅뱅**
>
> 과학자 대부분은 우주가 한 점에서 시작했다고 생각해요. 이 점은 어느 날 갑자기 큰 폭발을 일으키며 순식간에 거대한 우주로 부풀었답니다. 지금도 우주는 계속 부풀며 커지고 있지요. 우주가 태어난 순간에 일어났다고 여겨지는 이 거대한 폭발을 빅뱅이라고 해요.

사실 차가운 플라스마는 우주 전체에 존재해요. 우리가 보는 우주의 99퍼센트 이상이 전자를 잃거나 얻어서 전하를 띠게 된 이온화 기체로 덮여 있거든요. **빅뱅**이 일어나고 약 10마이크로초(1마이크로초는 100만분의 1초) 뒤에 우주는 이미 매우 뜨거운 플라스마로 가득 차 있었지요. 플라스마가 식는 데 37만 9,000년이 걸렸고, 그 후 이온은 자유 전자를 붙잡아서 **중성자**나 분자로 바뀌었어요. 우주가 냉각되자, 물질을 지배하고 있던 플라스마는 사라지기 시작했답니다. 지금도 플라스마는 별, 행성의 대기, 성운에 있어요. 하지만 번개나 오로라처럼 지구상에 자연적으로 발생하는 이온화 기체는 오래가지 않는답니다.

만약 플라스마를 계속 가열한다면 어떻게 될까요? 처음에는 플라스마 안에 전하를 띤 입자와 기체의 중성 원자가 모두 있을 거예요. 하지만 플라스마를 가열할수록 더 많이 이온화하지요. 그래서 태양의 핵처럼 수백만 도의 온도를 지닌 '뜨거운 플라스마'가 된답니다. 여기서 플라스마가 더 뜨거워지면 고유의 성질을 잃고 전하를 띤 입자가 서로 달라붙어 새로운 입자를 만든 뒤 에너지를 방출한답니다. 핵융합이 일어나는 거지요. 이게 바로 태양 내부에서 일어나는 과정이에요.

핵융합은 가벼운 원자핵이 서로 결합해 더 무거운 원자핵으로 변하는 반응이에요. 이 반응은 매우 높은 온도에서 일어나요. 높은 온도 때문에 원자핵이 매우 가까워지고 서로를 강한 힘으로 끌어당기기 시작해요. 이 결합으로 입자가 만들어지는데, 결합하기 전 두 입자의 질량을 합친 것보다 결합 후 만들어진 입자의 질량이 작아요. 남은 질량은 에너지로 변해 터져 나오지요. 예를 들어 중수소와 삼중수소가 결합할 때 들어가는 에너지보다 헬륨과 함께 만들어진 에너지가 약 176배 크답니다. 이 융합은 가장 차가운 핵반응이지만, 무려 10억 켈빈(0켈빈은 −273.15도)에 이르는 **절대온도** 가 필요하지요. 이 온도에서는 어떤 물질이든 플라스마로 변

교과서 핵심 개념

중성자

양성자와 함께 원자핵을 이루는 입자로, 전기적으로 중성을 띠어요. 원자핵 속의 양성자 수는 원소마다 정해져 있지만 중성자 수는 그렇지 않아요. 예를 들어 일반 수소에는 양성자와 중성자가 하나씩 있어요. 하지만 자연적으로 중성자가 하나 더 많은 수소가 생겨날 때가 있는데 이 수소를 중수소라고 하지요. 같은 원리로 삼중수소는 일반 수소보다 중성자가 2개 더 많은 수소를 말한답니다.

절대온도

우리가 쓰는 온도 단위에는 섭씨(℃)와 화씨(℉), 그리고 절대온도(K)가 있어요. 섭씨는 물의 어는점을 0도, 끓는점을 100도로 두고 그 사이를 100으로 나눈 단위예요. 화씨는 물의 어는점을 32도, 끓는점을 212도로 잡고 그 사이를 180으로 나눈 단위고요. 둘 다 물을 기준으로 했지요. 반면에 절대온도는 열의 존재를 기준으로 한 단위랍니다. 우주나 화학 반응의 온도를 표현할 때는 대부분 절대온도를 써요.

한답니다.

기체는 열뿐만 아니라 **전자파** 를 통해서도 플라스마나 핵융합 상태로 가열될 수 있어요. 게다가 아크방전을 이용하면 하루에도 몇 번씩 약하게 이온화한 플라스마로 바뀌지요. 예를 들어 일반 전구를 켤 때도 두 전극 사이에 플라스마가 생긴답니다.

플라스마는 거의 항상 빛을 내놓아요. 플라스마의 이러한 특성은 형광등, 네온등, 스크린과 가전제품 모니터에 활용되지요. 플라스마 기술을 이용하면 다이아몬드를 원하는 모양이나 크기로 다듬을 수 있고, 컴퓨터 칩을 만들거나 다양한 물체에 금속 코팅을 입힐 수 있어요. 현재 병원에서는 차가운 플라스마로 피부 질환을 치료하고 흉터를 제거하고 있으며 산업체에서는 소독이나 수질 정화를 위한 기초 장치를 개발하고 있답니다.

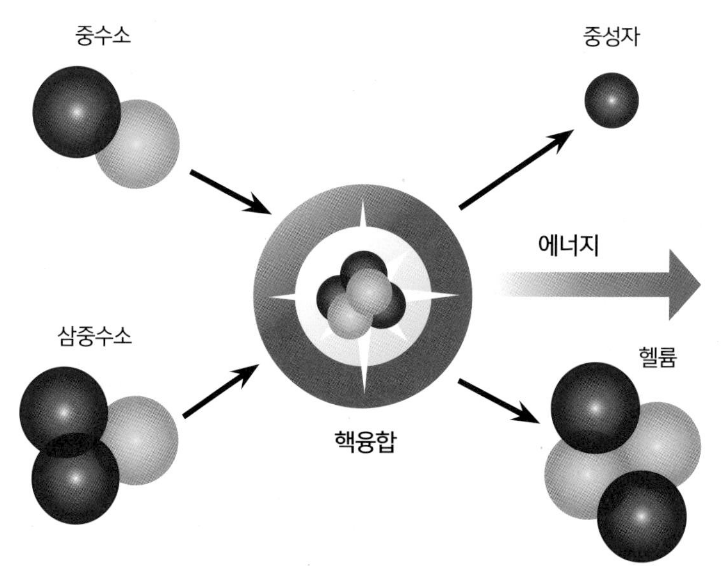

▲ 수소가 만나 더 무거운 헬륨으로 변하는 핵융합 과정. 이때 남는 질량이 에너지로 변해 열과 빛이 나온다.

더 나아가 아주 뜨겁게 달궈진 플라스마를 유지하는 방법을 찾는 사람들도 있어요. 바로 핵융합을 연구하는 사람들이지요. 수소와 삼중수소를 아주 뜨겁게 가열해 플라스마 상태로 만들면 마치 태양처럼 계속 핵융합을 하며 에너지를 만들어 낼 거예요. 하지만 기체를 수백만 도까지 조절하며 가열하기 어렵다는 게 문제지요. 수백만 도의 온도를 견딜 수 있는 물질은 사실 없거든요.

현재 플라스마를 얻을 수 있는 가열 방법은 두 가지예요. 우선 초강력 레이저로 필요한 영역에 잠시 열을 주는 방법이 있어요. 또 다른 방법은 자기장을 이용해 가열한 기체를 플라스마로 만들어 외부 물질과 만나는 걸 막고 그 상태를 유지하는 거예요. 자기장이 아주 강한 **유도 전류** 를 만들어 내면 이 전류가 통과할 때 플라스마가 가열되지요. 이 방법은 도넛 모양의 가둠 장치인 '토카막'에서 가능하답니다.

하지만 자기장 내에 플라스마를 유지하는 건 어려울 수 있어요. 이온화한 기체 입자마다 고유의 **전기장** 과 자기장을 갖고 있기 때문이지요. 예를 들어 높은 전압이나 물질을 통한 외부 전압이 자기장을 뚫고 들어와 '플라스마 난류'를 일으킬 수 있어요. 그러면 안정성을 잃은 플라스마가 자기

교과서 심화 개념

전자파

전자기파와 같은 말이에요. 전자기는 전기와 자기를 묶어 이르는 말이고요. 전기와 자기 모두 입자가 움직이면서 만들어 내는 힘으로, 두 힘의 성질은 같답니다. 주기적으로 세기가 바뀌는 전자기가 공간을 따라 이동하는 현상이 바로 전자파예요. 우리가 보는 빛도 전자파의 일종이지요.

유도 전류

전기장과 자기장은 항상 함께 움직여요. 전기가 흐를 수 있는 도선에 전류를 흘리면 주변에 자기장이 생겨나요. 반대로 도선 주변에 자석을 놓고 움직이면 전기장이 만들어지면서 도선에 전류가 흐른답니다. 유도 전류는 이처럼 자기장 속에서 만들어진 전류를 말해요.

교과서 핵심 개념

전기장

전류가 흐를 때 전하도 움직이고 있어요. 이 전하 때문에 생긴 힘을 전기력이라고 하지요. 전기장은 전기력이 미치는 공간을 말한답니다.

▲ 토카막은 플라스마를 자기장 안에 가두는 장치다. 사진은 국제 핵융합 실험로 ITER의 모형으로, 중앙의 뚫린 공간이 토카막이다.

장 밖으로 날아갈 수 있지요. 이런 이유로 끊임없이 활활 타오르는 '지상의 태양'이 아직 등장하지 못했어요. 하지만 언젠가 핵융합을 새로운 에너지로 쓸 수 있도록, 우리나라를 포함해 세계 여러 나라에서 작은 토카막을 이용해 계속 연구 중이랍니다.

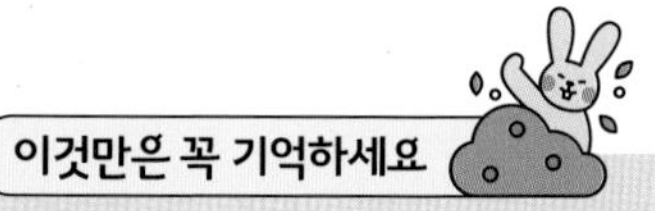

- 기체가 이온화한 플라스마는 고체, 액체, 기체에 이어 나타나는 물질의 상태 변화예요.
- 이온과 전자가 원자로 결합하지 않고 떨어진 플라스마의 예로는 오로라가 있어요.
- 태양의 핵처럼 아주 뜨겁게 달궈진 플라스마는 핵융합을 일으키며 에너지를 만들어요.

중2 Ⅰ. 물질의 구성

중2 Ⅵ. 물질의 특성

중3 Ⅰ. 화학 반응의 규칙과 에너지 변화

예습

과학 교과서 정복하기

복습

초3-1 물질의 성질

초5-2 산과 염기

세상의 기본, 원소

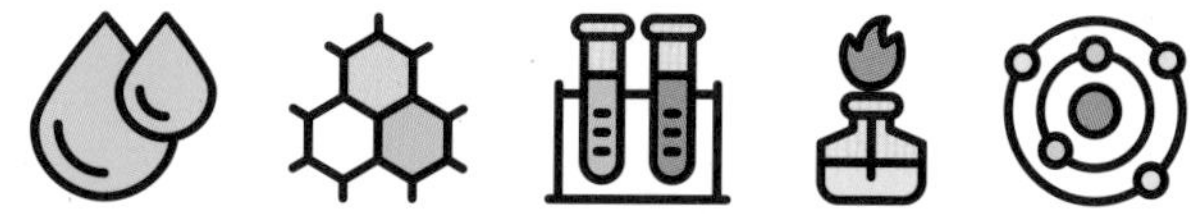

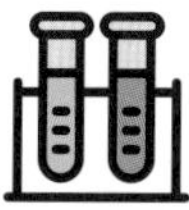

고대 그리스에 원자가 있었다네

주기율표의 시작은 카드놀이?

분자와 분자가 만나면?

고대 그리스에 원자가 있었다네

원자와 분자는 우리 주변의 여러 현상을 이해하기 위해 가장 필요한 개념이에요. 그 중요성을 모른 채 우리를 둘러싼 세상을 알기란 어렵지요. 오래전, 고대 그리스 사람들도 세상을 이해하기 위해 가장 작은 입자를 찾아 나섰어요. 원자와 분자를 둘러싼 긴 역사를 소개할게요.

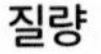

교과서 핵심 개념

질량

물질의 양을 말해요. 그램이나 킬로그램 같은 무게 단위로 나타내지요. 하지만 무게와 달리 질량은 어디에 있든 변하지 않아요. 예를 들어 질량이 60킬로그램인 사람이 지구에 있을 때는 몸무게가 60킬로그램이지만, 달에 가면 몸무게가 6분의 1로 줄어들어요. 반면에 질량은 지구에 있든 달에 있든 똑같이 60킬로그램이랍니다.

오늘날 물질은 '**질량**을 가진 실체'를 말해요. 화학의 역사를 들여다보면 물질의 뜻이 어떻게 진화해 왔는지 알 수 있어요. 지금 우리가 알고 있는 과학 개념은 대부분 고대 그리스부터 전해져 내려왔어요. 아리스토텔레스는 물질이 불, 물, 공기, 흙이라는 네 가지 요소로 구성된다고 주장했어요. 아리스토텔레스와 같은 시대에 살았던 탈레스는 물질의 근원을 더욱 단순하게 생각했답니다. 불을 비롯한 모든 물질은 물로 이루어져 있으며, 물의 농도에 따라 형태가 달라질 뿐이라는 거예요.

마찬가지로 고대 그리스의 철학자였던 레우키포스와 그의 제자 데모크리토스는 물질에 대한 개념을 좀 더 발전시켰어요. 물질을 쪼개고 쪼개서 더 이상 쪼갤 수 없는 가장 작은 입자를 생각한 거지요. 데모크리토스는 그 입자에 '쪼갤 수 없는 물질'이라는 뜻의 '원자'라는 이름을 붙였어요. 그는 공기와 흙, 물 등 모든 것이 이 쪼갤 수 없을 만큼 작고 동그란 형태를 가진 원자로 이루어져 있다고 주장했지요. 다만 이 원자들이 서로 어떻게 다른지 알아내는 것이 문제라고 했어요. 게다가 데모크리토스는 원자들이 크기와 질량, 심지어 모양까지 다양하다는 사실과 원자의 결합으로 이 세상에 존재하는 물질을 무한하게 만들어 낼 수 있다는 것을 꿰뚫어 봤답니다.

> **교과서 심화 개념**
>
> **원자량**
>
> 원자의 평균 질량을 말해요. 한 종류의 원자를 정해진 수만큼 모아 질량을 재고 평균을 낸 뒤, 이 값을 탄소 원자 하나의 값과 비교한 거예요. 원자량은 상대적인 값이기 때문에 바뀔 수 있답니다.

'원자론'은 이렇게 탄생했어요. 물론 이 이론을 반대하는 학자도 있었지요. 바로 아리스토텔레스예요! 원자론을 지지하는 사람들은 물질의 가장 작은 입자들 사이에 진공으로 된 공간이 있다고 생각했어요. 하지만 아리스토텔레스는 "자연은 진공을 싫어한다"라고 말하며 그 개념을 믿지 않았지요. 당시에 가장 위대한 과학자였던 그가 이렇게 강하게 비판한 이후, 원자 구조에 대한 이론은 몇백 년 동안 등장하지 않았답니다.

1687년, 아이작 뉴턴의 《자연철학의 수학적 원리》가 영국 왕립협회를 통해 출간됐어요. 뉴턴은 이 책에서 물질에 관해 아주 중요한 정의를 내렸어요. 바로 "물질의 양은 물질의 측정 그 자체이며, 밀도와 부피에 따라 증가한다"라는 내용이었지요. 뉴턴은 물질의 원자 구조를 중력 같은 역학 법칙과 연결해서 설명했고, 물질의 **원자량**이 많을수록 질량도 커질 거라고 주장했어요.

▲ 미하일 로모노소프(왼쪽)와 아이작 뉴턴(오른쪽). 이 그림은 두 사람의 초상화를 각각 본떠 그린 것으로, 두 사람이 실제로 만난 적은 없다.

같은 시기에 살았던 러시아의 자연과학자 미하일 로모노소프는 원자를 직접 세어 보겠다고 나섰어요. 그는 당시 과학자들 사이에서 원자 하나의 크기로 알려져 있던 두께 0.000160751밀리미터의 아주 얇은 금박으로 실험을 했어요. 그 결과 지름 0.025밀리미터인 금 알갱이 하나에 무려 37억 6147만 9,876개의 원자가 들어 있다는 것을 계산해 냈지요! 하지만 완전히 잘못된 계산이었어요. 실제 원자량보다 최소 여덟 자리는 낮게 측정된 거니까요.

교과서 핵심 개념

원소
세상을 구성하는 기본 요소이자 재료예요. 우리 몸에 닿을 수 있는 모든 물질은 원소로 이루어져 있답니다. 또한 원소는 하나의 원자로 존재할 수 있어요. 수소와 산소는 원소지만 두 원소가 합쳐져 만들어진 물은 원소가 아니지요.

배수 비례의 법칙
원소 2개가 만나 새로운 물질을 만들 때, 한 원소의 기준이 되는 양과 결합하는 다른 원소의 양은 일정한 비율을 이루는 걸 말해요. 예를 들어 일산화탄소는 탄소 1개와 산소 1개가 결합한 물질이에요. 이산화탄소는 탄소 1개와 산소 2개가 결합해 있지요. 두 물질에 포함된 산소의 질량은 정확히 1:2의 비율이랍니다.

역시 비슷한 시기에 **원소** 가 발견된 덕분에 사람들은 단순한 구조의 물질과 복잡한 구조의 물질로 세계가 나뉜다는 사실을 알게 됐어요. 아일랜드의 화학자인 로버트 보일은 이 문제를 처음으로 연구한 학자들 중 한 명이에요. 그는 1661년에 《회의적 화학자》라는 책을 펴내고 원소의 중요성을 화학계에 알렸답니다. 더 나아가 영국의 화학자인 존 돌턴은 원소의 구조와 물질의 원자론을 결합시키는 연구를 했어요. 원소는 물질을 이루는 가장 기본적인 재료로, 각각의 원소는 원자 하나의 형태로 존재하지요. 예를 들어 수소 원소는 수소 원자, 산소 원소는 산소 원자 하나예요. 돌턴은 이 사실을 밝혀내고, 원소의 원자 질량을 표로 만들어서 원소들이 서로 다른 비율로 결합하며 다양한 물질을 만들어 낸다는 사실을 증명했지요. 이걸 **배수 비례의 법칙** 이라고 해요.

▲ 원소와 원자를 깊이 연구한 세 명의 과학자들. 왼쪽부터 로버트 보일, 드미트리 멘델레예프, 존 돌턴이다.

19세기 말에는 약 70퍼센트의 원소가 밝혀졌어요. 그리고 러시아의 과학자인 드미트리 멘델레예프의 연구 덕분에 사람들은 이 물질들을 마음대로 다룰 수 있게 됐어요. 멘델레예프가 1869년에 발표한 **주기율표**는 원소가 결합하는 비율과 원자핵의 구조에 주기적인 관계가 있다는 사실을 알려 주었답니다.

1827년에 영국의 식물학자인 로버트 브라운은 현미경으로 식물의 수액 속에 있는 꽃가루가 어지럽게 움직이는 모습을 관찰했어요. 언뜻 보기엔

이 관찰이 물질 개념과 그다지 관련 있어 보이진 않을 거예요. 하지만 **브라운 운동**이라는 이름이 붙은 이 관찰은 물질을 구성하는 요소 중에 분자가 존재한다는 사실을 뒷받침해 주는 매우 중요한 증거가 됐답니다. 오랫동안 브라운이 발견한 꽃가루의 움직임을 제대로 설명할 수 있는 학자가 없었어요. 그러다가 약 100년이 지난 1905년, 당시 물질을 연구하던 알베르트 아인슈타인이 꽃가루가 다양한 방향으로 복잡하게 운동하는 이유는 꽃의 입자가 수액의 표면 위에 떠 있는 분자와 충돌하기 때문이라는 사실을 방정식으로 나타냈답니다! 이후에 프랑스의 물리학자인 장 페랭이 1908년부터 시작된 오랜 실험 끝에 분자가 실재한다는 사실을 밝혀냈어요.

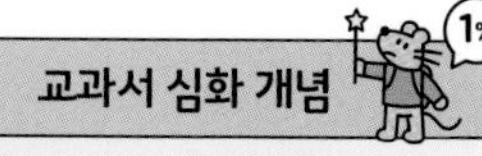

교과서 심화 개념

주기율표

원소를 크기와 특성에 따라 배열한 표를 말해요. 원소의 위치만으로 이 원소가 얼마나 크고 작은지, 어떤 반응을 보일지를 알 수 있답니다. 현재 주기율표에는 118개의 원소가 들어 있어요.

브라운 운동

액체나 기체 안에 큰 입자를 넣으면 입자가 제멋대로 움직여요. 창문 틈으로 햇빛이 비칠 때 먼지가 떠다니는 모습을 떠올리면 이해하기 쉬울 거예요. 이 움직임을 브라운 운동이라고 한답니다. 우리 눈에 보이지 않지만, 액체와 기체 안에 있는 원자와 분자가 계속해서 움직이며 이 입자와 부딪히기 때문에 일어나는 현상이지요.

페랭은 먼저 순수한 식물의 수액 추출물을 원심 분리기로 분리하여 '등황'이라 부르는 노란색 입자를 만들었어요. 0.1그램의 등황 입자가 액체의 표면 위에서 아인슈타인이 발표한 수학적 이론과 딱 들어맞는 방식으로 움직이는 것을 확인했지요. 하지만 페랭은 여기서 멈추지 않았어요. 그는 등황 입자를 물에 넣고 몇 달간 관찰하며 움직임이 둔해지는지 관찰했어요. 계속해서 움직이던 입자는 어느 순간 안정된 평형 상태에 이르렀지요. 페랭은 이를 통해 입자들이 어떻게 퍼지는지 알게 됐고 분자의 존재를 또 한 번 증명하게 됐어요. 페랭은 이 공로를 인정받아 노벨상을 수상했답니다.

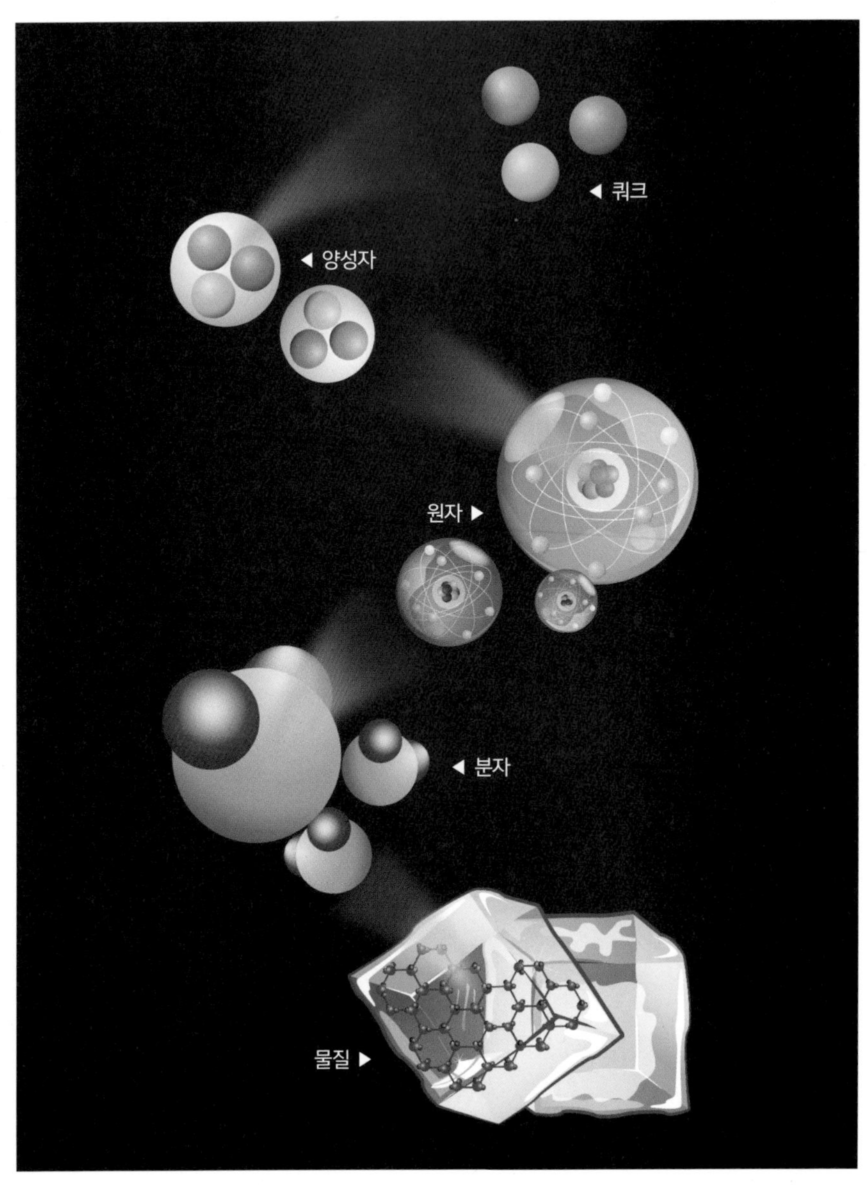

▲ 현재 과학자들이 생각하는 가장 작은 물질의 기본 입자는 쿼크다. 쿼크가 모여 양성자, 중성자, 전자를 만들고 이들이 모여서 원자, 그리고 원자가 모여 분자와 물질을 만든다.

물질의 역사는 가장 작은 입자가 더 이상 발견되지 않을 때까지, 또 그 입자들로 이루어진 새로운 원소를 더 이상 만들어 내지 못할 때까지 앞으로도 계속될 거예요. 새로운 것에 도전하는 인류의 열망이 사그라지지 않는 한 말이에요.

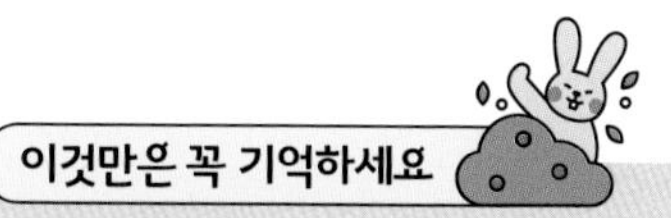

- 물질을 이루는 기본 입자인 원자는 고대 그리스의 철학자 데모크리토스가 이름 붙였어요.
- 브라운 운동은 액체나 기체 안에서 작은 입자들이 불규칙하게 움직이는 현상을 말해요.
- 과학자들이 브라운 운동을 발견하고 연구한 덕분에 오늘날 원자와 분자가 존재한다는 걸 알 수 있어요.

주기율표의 시작은 카드놀이?

주기율표는 세상에 존재하는 원소들의 종류와 성질을 한눈에 살펴볼 수 있는 표예요. 원소들의 성질에 숨은 규칙을 '주기율'이라고 하는데, 화학자들이 주기율을 발견하고 우주의 근본 법칙으로 만들기까지는 수십 년이 걸렸지요. 그 중심에는 러시아의 과학자 드미트리 멘델레예프가 있답니다.

드미트리 멘델레예프의 주기율표는 화학의 기본 원칙을 세운 가장 중요한 과학 업적 중 하나예요. 현재 주기율표는 원자번호 118번 오가네손으로 끝나요. 19세기 중반에는 63개의 원소만 알려져 있었어요. 문제는 이 원소들을 어떻게 배열하는가였지요. 알파벳 순서로 배열할까요, 아니면 발견한 순서대로 배열할까요? 통일된 원칙이 하나라도 있을까요? 질문에는 답이 있어야 했고, 사람은 탐구심이 많은 동물이었지요. 그래서 첫 번째 주기율을 발견하기까지는 오래 걸리지 않았어요. 수많은 시도가 있었지만 여기서는 중요한 것 두 가지만 살펴볼 거예요.

1829년에 독일의 화학자인 요한 되베라이너는 비슷한 특성을 보이는 세 원소를 세 무리로 묶을 수 있다는 사실을 발견했어요. 세 원소 중 가운데에 있는 원소의 **원자질량**은 다른 두 원소가 지닌 원자질량의 평균값과 비슷했고요. 되베라이너의 '세 쌍 원소설'은 원자질량과 원소의 특성에 연관성이 있고, 원자질량이 매우 중요하다는 사실을 증명했어요. 그렇지만 세 쌍 원소설은 원소 15개에만 쓸 수 있었지요. 나머지 원소는 세 쌍 원소설의 기준에 맞지 않았어요. 그래서 누구나 동의하는 원칙이 되지 못했답니다.

1864년, 영국의 과학자인 존 뉴랜즈는 원자질량이 커지는 순서대로 원소를 배열하면 여덟 번째 원소마다 비슷한 특성이 나타난다는 사실을 발견했어요. 음악의 7음계와 비슷해서 '옥타브 법칙'이라고 불러요. 나중에 뉴랜즈는 원소에 번호를 붙이고 7개씩 묶어 세로로 배치했지요. 뉴랜즈는 처음으로 원소의 특성이 규칙적인 간격으로 반복된다는 생각을 해 낸 사람이에요.

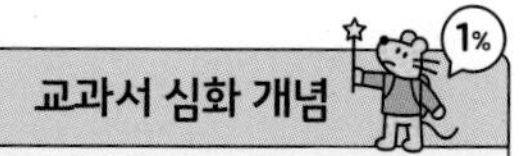

교과서 심화 개념

원자질량
원자 하나의 질량이에요. 원자를 이루는 양성자, 중성자의 질량을 더하고 이 입자들을 묶는 에너지의 양을 뺀 값이지요. 다시 말해 원자질량은 원자핵의 질량과도 같답니다.

옥타브
음악에서 음계를 나타내는 기본 단위예요. 도에서 다음으로 높은 도까지를 이르지요. 음악의 기본 음계에서 여덟 번째마다 같은 이름의 음이 나오는 옥타브 원리는 원소의 배열이나 전자의 궤도같이 음악이 아닌 과학 분야에서도 찾아볼 수 있답니다.

19세기 중반에는 원소의 조화로운 체계를 찾는 연구가 유행했어요. 계속된 연구로 멘델레예프는 원소의 원자질량이 이런 체계의 기초라고 생각하게 됐지요. 멘델레예프는 그때까지 알려진 모든 원소를 63장의 카드로 만들었어요. 그러고는 혼자서 카드놀이를 시작했지요.

먼저 멘델레예프는 비슷한 성질을 가진 카드끼리 한 줄로 늘어놓았어요. 그다음엔 원소를 원자질량 순서대로 배열했어요. 각각의 조합을 확인하며 맞지 않는 부분은 제외했지요. 모두가 오래 기다리던 법칙을 만드는 데는 아주 긴 시간이 걸렸답니다. 하지만 지금 우리가 아는 형태가 되기까지 주기율표는 더 많은 변화를 겪어야 했어요.

멘델레예프는 놀랍게도 원소 목록이 아직 불완전하다고 생각했어요. 그래서 원소의 배열을 맞추며 새로 발견될 원소를 위해 빈 자리를 남겨 뒀지요. 멘델레예프가 만든 표를 보면 원자질량이 68인 자리에는 원소의 이름 대신 물음표가 있어요. 멘델레예프는 이 자리를 아직 발견하지 못한 원소의 자리라고 설명하며 이 미지의 원소를 '에카알루미늄'이라고 불렀어요. 나중에 이 예측이 맞았다는 사실이 밝혀졌답니다. 1875년에 원자질량이 69.7인 갈륨이 발견됐거든요. 멘델레예프가 존재를 예측한 스칸듐과 저마늄도 멘델레예프가 살아 있을 때 발견됐어요.

ОПЫТЪ СИСТЕМЫ ЭЛЕМЕНТОВЪ.

ОСНОВАННОЙ НА ИХЪ АТОМНОМЪ ВѢСѢ И ХИМИЧЕСКОМЪ СХОДСТВѢ.

			Ti=50	Zr=90	?=180.
			V=51	Nb=94	Ta=182.
			Cr=52	Mo=96	W=186.
			Mn=55	Rh=104,4	Pt=197,4.
			Fe=56	Rn=104,4	Ir=198.
			Ni=Co=59	Pl=106,6	Os=199.
H=1			Cu=63,4	Ag=108	Hg=200.
	Be=9,4	Mg=24	Zn=65,2	Cd=112	
	B=11	Al=27,4	?=68	Ur=116	Au=197?
	C=12	Si=28	?=70	Sn=118	
	N=14	P=31	As=75	Sb=122	Bi=210?
	O=16	S=32	Se=79,4	Te=128?	
	F=19	Cl=35,5	Br=80	I=127	
Li=7	Na=23	K=39	Rb=85,4	Cs=133	Tl=204.
		Ca=40	Sr=87,6	Ba=137	Pb=207.
		?=45	Ce=92		
		?Er=56	La=94		
		?Yt=60	Di=95		
		?In=75,6	Th=118?		

Д. Менделѣевъ

▲ 멘델레예프가 만든 주기율표. '?'로 표기한 것은 당시 발견되지 않았던 원소의 자리다.

멘델레예프가 살던 시대에는 원자가 어떻게 생겼는지 아무도 몰랐어요. 1911년이 돼서야 어니스트 러더퍼드가 원자는 양전하를 띠는 원자핵과 전자로 이루어졌다는 걸 증명했지요. 얼마 뒤 러더퍼드의 동료인 헨리 모즐리가 여러 실험을 통해 원자핵을 이루는 **양성자** 의 수와 원소에서 나오는 엑스선의 진동수가 서로 관련이 있다는 사실을 입증했고요. 1913년에 모즐리는 원소를 **원자번호** 순서로 나열한 새로운 주기율표를 만들었어요. 이 주기율표의 원소 배열은 멘델레예프의 주기율표와 거의 일치했지요. 자신의 주기율표를 바탕으로 모즐리는 하프늄(원자번호 72)과 레늄(원자번호 75)의 존재를 예측했어요. 이 원소들은 곧 발견됐답니다. 이때부터 주기율표에서 원자질량 대신 원자번호로 원소를 배열하기 시작했지요.

1912년, 뛰어난 물리학자인 닐스 보어가 러더퍼드와 함께 연구하기 위해 영국 맨체스터로 왔어요. 보어는 전자의 상호 작용을 설명하는 원자 모형을 만들었지요. 보어의 원자 모형에 따르면, **전자** 는 특정한 궤도를 따라 움직이며 이 궤도를 바꾸려면 에너지가 필요해요. 핵에서 멀리 떨어진 전자는 결합이 가장 약해서 쉽게 떨어지고, 그러면 원자가 가진 전하의 양도 바뀌지요. 그래서 보어는 전자 배열이 원소의

교과서 핵심 개념

양성자

원자는 원자핵과 전자로 이루어져 있어요. 원자핵은 양성자와 중성자로 나뉘지요. 양성자는 전지의 (+)극에 해당하는 양전하를 띠기 때문에 음전하를 띠는 전자를 붙잡아 둘 수 있답니다.

원자번호

원자핵 안의 양성자 수는 원소마다 일정해요. 예를 들어 수소 원자에는 양성자 1개, 산소 원자에는 양성자 8개가 들어 있지요. 이 양성자 수가 바로 원소의 원자번호랍니다. 원자번호가 클수록 양성자가 많은 원소예요.

전자

원자핵과 함께 원자를 이루는 작은 입자예요. 전자는 원자핵 주변을 돌아요. 이때 전자들은 일정한 궤도를 따라 마치 구름처럼 모여 있지요. 궤도는 여러 개가 있는데 원자핵과 가까울수록 에너지가 줄어들어요. 전자는 궤도를 이동할 때마다 에너지를 얻거나 잃지요.

화학적 특성을 결정한다고 생각했어요. 1922년에 보어는 실험으로 측정한 전자의 에너지를 바탕으로 자신의 주기율표를 만들었어요. 이 주기율표를 보면 원소의 화학적 특성을 예측할 수 있답니다.

지금 우리가 쓰고 있는 주기율표는 미국의 화학자인 글렌 시보그가 정리한 거예요. 시보그는 플루토늄, 아메리슘, 퀴륨, 버클륨, 캘리포늄, 아인슈타이늄, 페르뮴, 노벨륨 외에도 두 가지 원소를 더 발견했어요. 1955년에 시보그와 동료들은 101번째 원소를 발견하고, 멘델레예프의 이름을 따서 멘델레븀이라고 이름 붙였답니다. 1974년에 발견되고 1997년에 그 성분이 확실히 밝혀진 106번째 원소에는 시보그 자신의 이름을 따서 시보귬이라고 붙였죠. 시보그는 자신이 살아 있는 사람 중 주기율표의 원소로 설명할 수

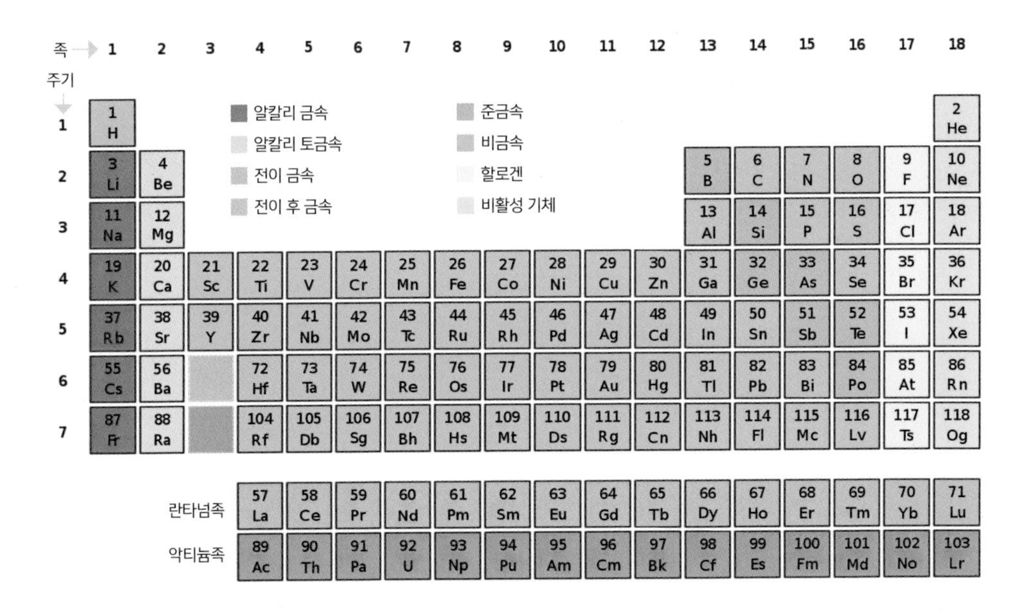

주기 \ 족	1	2	3	4	5	6	7	8	9	10	11	12	13	14	15	16	17	18
1	1 H																	2 He
2	3 Li	4 Be											5 B	6 C	7 N	8 O	9 F	10 Ne
3	11 Na	12 Mg											13 Al	14 Si	15 P	16 S	17 Cl	18 Ar
4	19 K	20 Ca	21 Sc	22 Ti	23 V	24 Cr	25 Mn	26 Fe	27 Co	28 Ni	29 Cu	30 Zn	31 Ga	32 Ge	33 As	34 Se	35 Br	36 Kr
5	37 Rb	38 Sr	39 Y	40 Zr	41 Nb	42 Mo	43 Tc	44 Ru	45 Rh	46 Pd	47 Ag	48 Cd	49 In	50 Sn	51 Sb	52 Te	53 I	54 Xe
6	55 Cs	56 Ba		72 Hf	73 Ta	74 W	75 Re	76 Os	77 Ir	78 Pt	79 Au	80 Hg	81 Tl	82 Pb	83 Bi	84 Po	85 At	86 Rn
7	87 Fr	88 Ra		104 Rf	105 Db	106 Sg	107 Bh	108 Hs	109 Mt	110 Ds	111 Rg	112 Cn	113 Nh	114 Fl	115 Mc	116 Lv	117 Ts	118 Og

란타넘족	57 La	58 Ce	59 Pr	60 Nd	61 Pm	62 Sm	63 Eu	64 Gd	65 Tb	66 Dy	67 Ho	68 Er	69 Tm	70 Yb	71 Lu
악티늄족	89 Ac	90 Th	91 Pa	92 U	93 Np	94 Pu	95 Am	96 Cm	97 Bk	98 Cf	99 Es	100 Fm	101 Md	102 No	103 Lr

▲ 오늘날 우리가 쓰고 있는 시보그의 주기율표. 원소의 위치를 보고 크기와 성질을 한눈에 알 수 있다.

있는 유일한 사람이라는 농담을 하곤 했어요. 퀴륨, 멘델레븀, 아인슈타이늄, 페르뮴, 노벨륨처럼 사람 이름을 딴 다른 원소들의 주인은 시보귬 발견 당시에는 모두 더는 살아 있지 않은 '옛날' 사람들이었으니까요.

원소 주기율표는 인간의 위대함을 보여 줘요. 모든 자리를 차지하는 원소 하나하나가 무지를 극복한 승리를 나타내고, 원소의 정확한 배치는 우주를 향한 인간의 깊은 탐구심을 드러내지요. 멘델레예프는 오늘날 주기율표가 만들어지는 데 올바른 방향을 제시한 사람 중 한 명이랍니다.

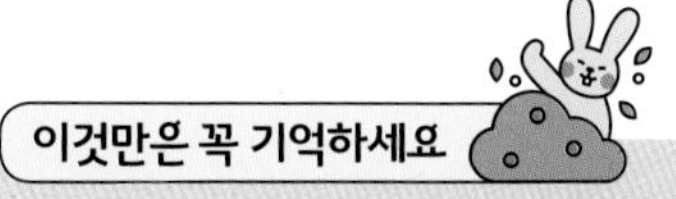

- 원소를 크기와 특성에 따라 배열한 주기율표는 드미트리 멘델레예프가 처음 만들었어요.
- 원자질량은 원자핵의 질량을, 원자번호는 원자핵을 이루는 양성자의 수를 나타내요.
- 원소를 원자번호에 따라 배열한 모즐리의 주기율표는 오늘날 우리가 쓰는 주기율표의 바탕이 됐어요.

분자와 분자가 만나면?

물 분자는 수소 원자 2개와 산소 원자 1개로 이루어져 있어요. 그렇다면 수소 원자와 산소 원자가 자기들끼리 돌아다니다가 만나서 물 분자를 만드는 걸까요? 사실은 수소 분자 2개와 산소 분자 1개가 만나 물 분자 2개를 만든답니다. 이 과정을 설명할 수 있는 법칙이 발견되면서 화학은 아주 크게 발전할 수 있었어요. 바로 아보가드로 법칙이지요.

아보가드로 법칙을 이야기하려면 조제프 게이뤼삭에 대한 이야기를 먼저 해야 해요. 게이뤼삭은 프랑스 출신의 뛰어난 물리학자이자 화학자이며, 재능 있는 강사였어요. 또 1804년 9월 16일, 열기구를 타고 상공 7킬로미터까지 올라가는 세계 기록도 세웠어요! 하지만 이 신기록의 목적은 다소 독특했답니다. 게이뤼삭은 7킬로미터 상공에서 온도와 습도, 공기의 구성, 자기장의 세기 등을 측정했어요. 마지막으로는 가장 높은 곳에서 산소가 부족한 대기가 자신의 몸에 어떤 영향을 미치는지 실험했지요.

젊은 게이뤼삭은 빠르게 좋은 평판을 쌓았어요. 오래지 않아 그는 파리 과학계에서 권위자로 자리매김했고, 그가 보기에 이론의 증거가 충분하지 않은 많은 박물학자를 비판하고 나섰어요. 미국을 여행하면서 대기를 구성하는 성분에 관한 자료를 수집하고 보고서를 발표했던 유명한 여행가이자 과학자인 알렉산더 폰 훔볼트도 게이뤼삭의 비판을 피해 가지는 못했지요.

하지만 훔볼트는 대범하게 게이뤼삭의 비판을 인정하면서도 지나치게 거친 어조에는 신경 쓰지 않았어요.

이 일은 유명한 두 과학자가 가까워지는 계기이자 두 사람이 오랜 우정을 나누는 바탕이 됐지요. 훔볼트와 게이뤼삭이 함께한 연구는 획기적인 발견으로 이어졌어요. 게이뤼삭은 이 연구를 바탕으로 1908년에 기체 사이의 화학 반응에서 나타나는 부피의 비율은 간단한 정수비를 이룬다는 **기체 반응의 법칙** 을 발표했답니다.

교과서 핵심 개념

기체 반응의 법칙

기체끼리 반응할 때, 온도와 압력이 같다면 반응하는 기체와 만들어진 기체의 부피는 일정한 비율을 이뤄요. 예를 들어 수소와 산소가 만나 물의 기체인 수증기를 만들면 셋 사이의 부피 비율은 항상 2:1:2가 되지요. 이 기체 반응의 법칙 덕분에 아보가드로 법칙이 만들어졌답니다.

▲ 원자, 분자의 결합에 대해 놀라운 이론을 세운 게이뤼삭(왼쪽)과 아보가드로(오른쪽)

교과서 핵심 개념

화학식

물질을 이루는 원자와 분자를 미리 약속된 기호로 간단하게 나타낸 거예요. 물을 H_2O라고 쓰거나 소듐 이온 Na^+처럼 원소기호 뒤에 +, -를 오른쪽 위에 작게 붙여 이온을 표현한답니다. 그림으로 표현하는 화학식도 있어요.

오늘날에는 중학교 때부터 원자끼리 결합해 분자를 만드는 법칙을 배워요. 하지만 19세기 사람들은 분자가 어떻게 생겼는지도 모르고 있었지요. 각각의 기체가 반응하기 전과 반응하고 난 후의 부피 차이만 아는 상황에서 **화학식**을 만든다고 생각해 보세요. 수소와 순수한 산소를 연소하면 기체 상태의 물인 수증기가 만들어져요. 이 반응에서 물질의 부피 비율은 2:1:2예요. 이 비율이 되기 위한 가정은 수소와 산소 분자는 원자 2개로 구성되며, 물 분자는 원자 3개로 이루어진다는 거예요. 그러면 그림의 첫 번째 화학식이 세워지지요. 또 다른 가정은 수소는 원자 하나로 이루어졌지만 산소와 물은 원자 2개로 구성됐다는 거지요. 이때 그림의 두 번째 화학식이 만들어져요.

첫 번째 화학식이 맞는 화학식이랍니다. 하지만 게이뤼삭의 규칙에 따르면 두 번째 화학식도 틀린 건 아니지요. 이처럼 게이뤼삭이 설명한 규칙으로는 다양한 기체 분자 모델을 만들 수 있었어요. 그러던 1811년, 이탈리아의 화학자 아메데오 아보가드로는 게이뤼삭의 기체 반응의 법칙을 바탕으로 압력과 온도가 동일한 조건에서 같은 부피 안에는 같은 수의 입자가 들어 있다고 가정했어요. 3년 뒤, 아보가드로는 오랜 시간 동안 자신의 가정을 철저하게 실험하고 검토한 결과를 논문으로 발표했어요. 논문을 통해 정리된 아보가드로의 가설은 이제 '아보가드로 법칙'으로 부른답니다.

아보가드로 법칙을 이용하면 기체의 밀도를 측정해서 그 기체를 이루는 분자의 상대적인 질량을 알아낼 수 있어요. 기체의 정상적인 조건인 섭

화학식 1: $2H_2 + O_2 = 2H_2O$

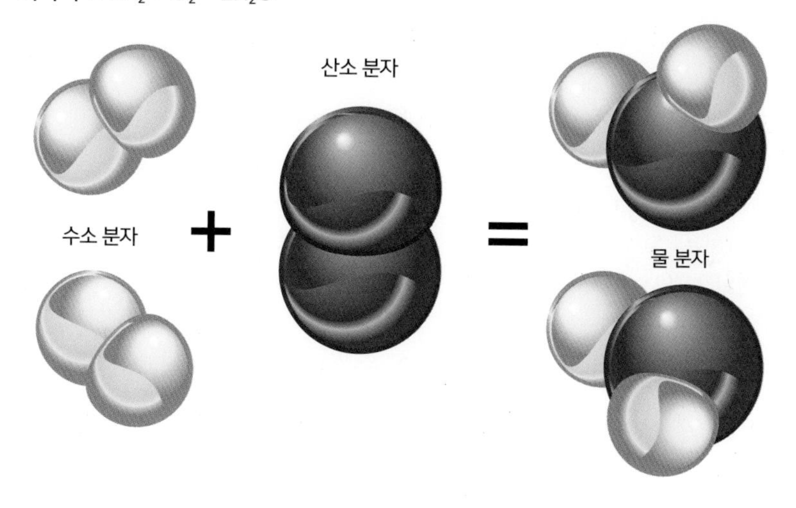

화학식 2: $2H + O_2 = 2HO$

산소 분자

수소 원자

2:1:2의 부피 비율을 이루기 위한 화학식

교과서 핵심 개념

1기압

기체도 질량이 있기 때문에 다른 물체를 누를 수 있어요. 우리 지구를 둘러싼 대기가 지구의 물체를 누르는 힘을 기압이라고 해요. 1기압은 사람이 생활하는 지상의 기압으로, 많은 화학 실험과 법칙이 1기압을 기준으로 삼고 있어요. 기압은 높은 곳으로 갈수록 낮아진답니다.

씨 0도, **1기압**에서 수소와 산소가 1리터씩 있을 때 두 기체의 밀도 비율은 1:16이에요. 그래서 산소 분자의 질량이 수소보다 약 16배 크다는 사실을 알 수 있지요. 아보가드로는 또 기체 분자가 하나의 원자로만 구성될 필요는 없으며 종류가 같든 다르든 여러 개의 원자로 구성될 수 있다고 했답니다. 수증기 분자를 생각하면 바로 이해가 가지요? 산소와 수소 원자로 이루어져 있으니까요.

놀랍게도 아보가드로 법칙은 처음에는 진지하게 받아들여지지 않았어요. 당시 분자의 존재를 몰랐던 사람들은 아보가드로 법칙을 증명할 수 없는 주장에 지나지 않는다고 생각했지요. '유기화학의 아버지'로 일컬어질 정도로 유명한 과학자인 옌스 베르셀리우스는 자신이 만든 가설을 옹호하려고 아보가드로 법칙을 비난했어요. 하지만 그의 가설은 대부분 실험 결과와 일치하지 않았지요. 예를 들어 베르셀리우스의 가설에 따르면 질소의 산화 반응은 N+O=NO예요. 각각의 부피 비율은 1:1:1이지요. 하지만 실제로 이 반응의 부피 비율은 1:1:2예요! 이 반응을 아보가드로 법칙에서 생각해 보면 모든 것이 아주 쉽게 설명되지요. $N_2+O_2=2NO$가 되니까요.

한동안 아보가드로 법칙은 잊혔어요. 50년 가까이 흐르고 나서야 사람들 앞에 다시 등장할 수 있었지요. 1860년 독일에서 열린 국제화학학회에 참석한 이탈리아의 과학자 스타니슬라오 칸니차로는 자신의 연구 결과를 설명하는 소책자를 나눠 주었어요. 이 소책자는 원자와 분자를 분석하고 아보가드로 법칙을 실제 현상으로 설명한 내용을 담고 있었답니다.

아보가드로 법칙을 적용하면서 마침내 화학은 수학식을 따라 움직이기 시작했어요. 과학자들은 화합물의 분자 구성을 결정하고, 원자량과 **분자량**을 계산할 수 있게 됐지요. 이제는 모두가 수소 2그램과 산소 32그램이 같은 조건에서, 같은 부피 속에, 같은 수의 분자를 포함한다는 사실을 확실하게 알고 있답니다. 아보가드로 법칙이 화학과 물리학의 발달에 미친 영향은 무시할 수 없어요. 원소 주기율표, 브라운 운동, **빛의 산란**, 분자운동론, 통계물리학, 열역학, 아보가드로 상수 외에도 아주 많아요. 이 모든 발견과 학문은 현대의 지식을 쌓아 올린 바탕이지요. 그리고 어떤 식으로든 아보가드로가 발견한 규칙에 모두 근거를 두고 있답니다.

교과서 심화 개념

분자량

분자의 질량을 뜻해요. 분자 1개 안에 있는 모든 원자의 원자량을 더하면 분자량이 된답니다.

빛의 산란

빛은 직진하다가 다른 물체나 입자를 만나면 반사돼요. 그런데 빛이 아주 작은 입자에 계속해서 부딪히면 사방으로 반사되며 흩뿌려져요. 이 현상을 산란이라고 한답니다. 하늘이 푸르게 보이는 이유는 파장이 짧은 푸른색 빛이 공기 중의 산소나 질소 입자에 더 잘 산란되기 때문이에요.

이것만은 꼭 기억하세요

- 온도와 압력이 같을 때 기체는 항상 일정한 부피의 비율로만 반응해요.
- 물질을 이루는 원자와 분자는 약속된 기호를 조합해 화학식으로 나타낼 수 있어요.
- 아보가드로 법칙은 온도와 압력이 일정할 때 모든 기체 분자가 같은 부피에 같은 수만큼 들어 있다는 법칙이에요.

중1 VI. 빛과 파동

중3 I. 화학 반응의 규칙과 에너지 변화

중3 VI. 에너지 전환과 보존

예습

과학 교과서 정복하기

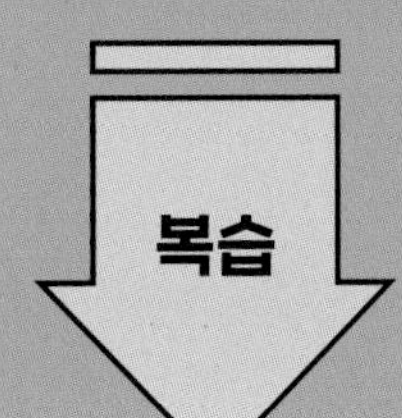

복습

초4-1 지층과 화석

초5-1 용해와 용액

초6-2 계절의 변화

알고 보면 너무나 가까운 친구들

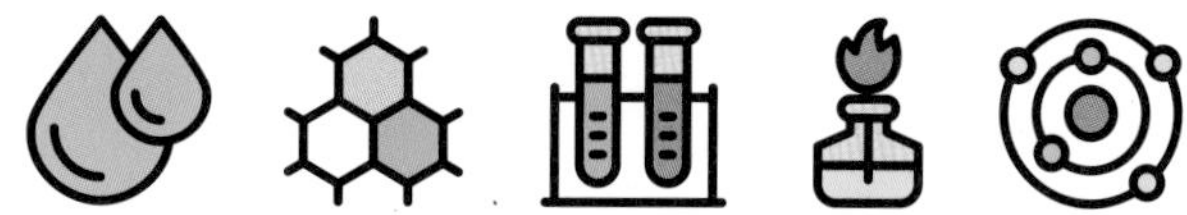

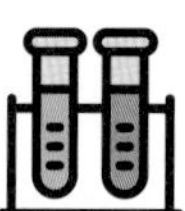

몰라봤어! 정말 귀한 알루미늄

가장 정확한 시계를 찾아서

우라늄, 위험하기만 한 건 아니야

몰라봤어! 정말 귀한 알루미늄

알루미늄은 지구 지각에서 가장 흔한 금속이에요. 하지만 지금 우리가 알루미늄 포일을 마구 쓰는 걸 보면 옛사람들은 기절할지도 몰라요. 50년 전까지만 해도 알루미늄이 금보다 더 비쌌거든요. 매장량이 수억 배는 더 풍부했는데도요. 이 귀중한 알루미늄은 사람이 하늘을 날 수 있게 해 줬답니다.

교과서 핵심 개념

부식

금속은 가만히 두어도 조금씩 낡고 색이 바래요. 가장 큰 이유는 공기 중의 산소와 만나 산화하기 때문이에요. 다시 말해 녹이 슬지요. 부식은 이처럼 금속이 외부의 물질과 만나 반응하며 점점 망가지는 과정을 말해요.

알루미늄은 가벼우면서 강도가 높아요. **부식**에도 강하기 때문에 여러 분야에 두루 쓰이고 있는 중요한 금속이지요. 알루미늄 포일을 비롯해 껌 종이, 양은 냄비, 통조림용 캔 등 우리가 일상에서 쓰는 알루미늄은 대부분 아주 얇은 산화알루미늄층으로 둘러싸여 있어요. 산화알루미늄은 말 그대로 산소와 만나 녹슨 알루미늄이에요. 하지만 철에 생긴 녹과 달리, 안쪽에 있는 순수한 알루미늄이 더 이상 녹슬지 않게 막아 주지요.

순수한 알루미늄을 처음 만든 사람은 덴마크의 물리학자인 한스 외르스테드예요. 외르스테드는 1825년에 염소 기체를 산화알루미늄과 석탄에 통과시켰어요. 그런 다음 염소와 알루미늄이 반응해 만들어진 염화알루미늄

▲ 1885년에 만들어진 워싱턴 기념탑의 꼭대기에는 알루미늄 피라미드가 올라가 있다.

을 수은-포타슘 **합금** 과 함께 가열했어요. 그러면 물질과 반응하는 힘이 더 강한 포타슘이 알루미늄 자리를 대신 차지하고 순수한 알루미늄만 남지요.

이 반응을 일으키는 화합물은 값이 비싸서 알루미늄도 매우 비쌌어요. 프랑스의 황제였던 나폴레옹 3세는 중요한 손님을 초대하면 알루미늄 식기를 내놓고, 다른 손님에게는 은 식기를 내놓았다고 전해져요. 1885년에 만들어진 워싱턴 기념탑 꼭대기는 3킬로그램짜리 알루미늄 피라미드로 덮여 있는데, 이것 역시 알루미늄이 아주 사치스러운

교과서 심화 개념

합금

금속에 다른 금속이나 원소를 섞어서 만든 금속을 말해요. 청동은 구리와 주석, 황동은 구리와 아연의 합금이지요. 합금은 재료가 되는 금속들의 장점을 결합해 만들기 때문에 다양한 분야에서 쓰여요.

금속이었기 때문이에요. 당시에는 한 번 생산할 때마다 알루미늄가루 28그램을 간신히 만들었어요. 그러니 기념탑 꼭대기에 얹은 이 알루미늄 피라미드는 워싱턴 기념탑을 건축한 모든 노동자에게 하루치 임금을 주고도 남을 만큼 비쌌지요.

알루미늄은 가격이 비싸서 수요가 적었어요. 1855년부터 1890년까지 전 세계에서 고작 200톤이 생산됐죠. 하지만 이후로 10년 동안 알루미늄 생산량은 갑자기 늘어났어요. 이유가 뭐냐고요? 1886년 미국의 오벌린 대학교를 졸업한 찰스 홀이 알루미늄을 만드는 새 방법을 발견했거든요.

홀은 21세 때, **전기 분해** 방법으로 금속을 **제련**해서 알루미늄을 만들어 내는 데 성공했어요. 홀과 같은 실험을 프랑스의 화학자 폴 에루도 하고 있었답니다. 두 발명가 모두 빙정석을 녹인 뒤, 여기에 알루미늄의 원료인 보크사이트를 다시 녹여서 전기 분해를 했어요. 순수한 알루미늄 금속은 전기에 끌려 나와 음극인 용기 바닥에 작은 덩어리로 가라앉았지요.

1886년 2월 23일, 마침내 은색 구슬 모양의 알루미늄이 만들어졌어요. 최초로 제련된 이 알루미늄 구슬은 미국 피츠버그에 있는 알루미늄 회사인 알코아의 박물관에 전시되어 있답니다. 홀의 모교인 오벌린 대학교는 순수한 알루미늄으로 만든 기념물을 세워 홀을 기념하고 있어요.

찰스 홀과 폴 에루는 같은 시기에 제각각 알루미늄 제련법을 찾아냈어요. 홀은 미국, 에루는 프랑스에서 특허를 받았지요. 그래서 전기 분해로 알루미늄을 만드는 방법을 '홀-에루 제련법'이라고 부른답니다. 19세기의 마지막 10년 동안 2만 8,000톤의 알루미늄이 홀-에루 제련법으로 생산됐어요. 홀은 미국에 알루미늄 회사인 알코아를 설립하고, 1908년 이후 매일 시장에

45톤의 알루미늄을 내놓았어요. 홀은 1914년에 사망했는데, 사망 당시 재산이 현재 가치로 약 7247억 5000만 원이었답니다.

알루미늄 총생산량의 4분의 1은 운송 산업계에서 사용되고 4분의 1은 건축계에서 쓰여요. 17퍼센트는 포장재와 통조림용 캔으로 만들어지고 10퍼센트는 전자 장치를 만드는 데 들어가지요. 사실 알루미늄은 합금 덕분에 더 유명해졌어요. 예를 들어 알루미늄에 구리, 마그네슘, 망간을 넣어 만든 합금인 '두랄루민'은 항공기에 가장 많이 쓰여요. 두랄루민을 처음 산업적 규모로 생산한 곳은 1909년 독일 뒤렌사예요. 당시 뒤렌사에 근무하고 있던 금속공학자 알프레드 빌름이 알루미늄을 바탕으로 처음 합금을 만들고, 뒤렌과 알루미늄을 합친 '두랄루민'이라는 이름을 붙였지요. 두랄루민은 가벼우면서도 아주 튼튼하기 때문에 많은 사람과 물건을 싣고 하늘을 날아야 하는 항공기에 딱 맞는 재료였어요. 이 때문에 20세기 초부터 지금까지 항공기의 중요한 재료로 활약하고 있지요. 그 밖에도 자동차 차체나 장갑차, 중장비, 텐트 폴, 캐리어 등을 만들 때 쓰인답니다.

교과서 심화 개념

전기 분해
화합물을 이루는 원소를 이온 상태로 만들어 전지의 양극과 음극으로 각각 끌어당기는 과정이에요. 이러면 화합물을 원래의 원소로 분해할 수 있지요. 예를 들어 물을 전기 분해하면 물을 이루고 있던 수소와 산소가 갈라져 각각 순수한 수소 기체와 산소 기체로 변해요.

제련
우리가 유용하게 쓰는 광물은 자연에서 광석으로 나와요. 광석에는 광물 말고도 여러 가지 불순물이 섞여 있기 때문에, 광물만 뽑아 이용하려면 광석을 부수고 녹여 분리하는 과정을 거쳐야 하지요. 이 과정을 제련이라고 해요.

탄소 섬유
탄소를 가늘고 긴 섬유 형태로 만든 거예요. 탄소 섬유는 아주 강하고 튼튼하기 때문에 항공, 우주공학, 기계 등 다양한 분야에 널리 쓰이고 있어요.

최근에는 **탄소 섬유**로 만든 중합체 복합 재료가 항공 산업계에 등장했어요. 중합체는 기본 단위가 되는 어느 분자가 마치 사슬이나 공처럼 이어

▲ 여러 복합 재료로 만들어진 에어버스 A380에서 알루미늄 복합 재료는 3퍼센트를 차지한다.

지고 뭉쳐서 만들어진 물질이에요. 고분자의 한 종류지요. 이때 기본 단위인 분자를 단위체라고 한답니다. 탄소 섬유를 틀에 올리고 특정한 수지로 적신 뒤, 비행기 날개도 들어갈 수 있는 거대한 '오븐'에 넣어요. 그러면 가볍고, 부식되지도 않는 강도 높은 날개가 만들어진답니다.

그렇다고 알루미늄의 시대가 끝난 건 아니에요. 2층짜리 항공기인 에어버스 A380의 4분의 1은 탄소 복합 재료로 이루어져 있어요. 알루미늄과 중합체 복합 재료가 샌드위치처럼 층층이 쌓인 '글레어'도 3퍼센트를 차지하지요. 글레어는 날 수 있는 금속과 복합 재료의 가장 뛰어난 특성만을 결합한 결과물이에요. 앞으로는 이런 재료가 항공 산업의 미래가 될 거예요.

- 가벼우면서도 단단하고 부식에 강한 알루미늄은 지구 지각에서 가장 흔한 금속이에요.
- 순수한 알루미늄은 전기에너지로 화합물을 분해하는 전기 분해를 통해 만들 수 있어요.
- 가볍고 튼튼해서 항공기 재료로 쓰이는 두랄루민은 알루미늄에 다른 금속이나 원소를 섞어 만든 합금 중 하나예요.

 가장 정확한 시계를 찾아서

2011년 일본 후쿠시마의 원자력 발전소에서 방사능이 크게 새어 나온 이후, 사람들에게 주목받은 원소가 있어요. 바로 세슘이지요. 방사성 원소인 세슘은 붕괴하며 방사선을 내뿜어요. 사고가 난 원자력 발전소의 냉각수가 바다로 흘러들면 해양 생물이 세슘에 오염되고요. 하지만 세슘은 그저 위험하기만 한 원소가 아니랍니다. 우리 생활에 꼭 필요한 능력도 갖고 있거든요.

교과서 핵심 개념

녹는점
물질의 상태가 고체에서 액체로 바뀌는 온도로, 물질마다 달라요. 물의 녹는점은 섭씨 0도예요. 이 온도보다 낮으면 고체인 얼음이 되고, 높으면 액체인 물이 되지요.

교과서 심화 개념

알칼리 금속
대부분 아주 적은 양이라도 물과 직접 닿으면 폭발을 일으켜요. 하지만 다른 물질과 결합해 만들어진 화합물은 안전하답니다. 리튬, 소듐, 포타슘 등이 여기 속하지요.

세슘은 원자번호 55번인 원소예요. 금과 비슷한 색을 띠고 있지만, 아주 재밌는 특징을 가지고 있어서 금방 구별할 수 있답니다. 바로 섭씨 28.5도밖에 안 되는 **녹는점** 이에요. 녹는점이 낮기 때문에 평균 섭씨 36.5도인 사람의 체온으로도 녹아내리지요. 게다가 세슘은 어떤 물질과도 잘 반응하는 **알칼리 금속** 이에요. 그래서 유리나 특수한 용기 속에 넣어서 보관해야 해요. 그렇지 않으면 피부에 있는 수분과 알칼리 금속 사이에서 일어나는 강렬한 화학 반응 때문에 손을 다치게 될 거예요. 심지어 세슘은 공기와 만나도 아주 격렬한 반응을 일으킨답니다.

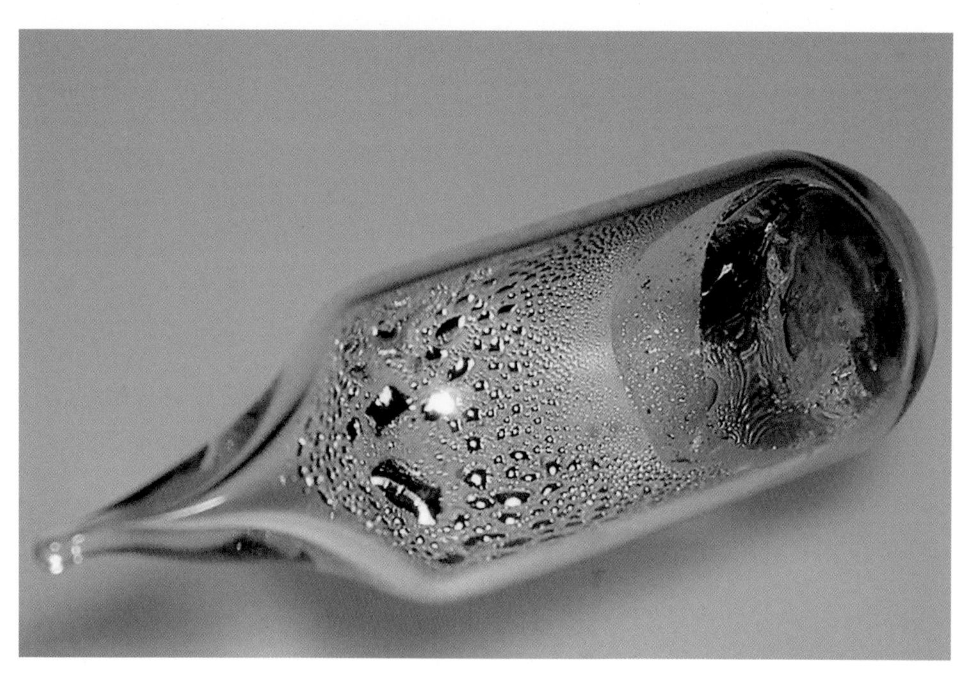

▲ 세슘은 특수한 병에 밀봉해서 보관한다.

교과서 심화 개념

에너지 준위

원자 안에서 전자는 궤도를 따라 존재해요. 각 궤도가 갖는 에너지 값을 에너지 준위라고 하지요. 바깥쪽 궤도일수록 에너지 준위가 높답니다.

회절

잔잔한 물에 돌을 던지면 파동이 동그랗게 퍼져 나가요. 파동이 일어나는 곳에 작은 벽을 세우면 파동이 길게 퍼지면서 벽 뒤로 돌아가는 것을 볼 수 있지요. 벽 사이에 작은 틈이 있으면 그 틈으로 빠져나가기도 해요. 이렇게 파동이 장애물 뒤까지 이어지는 현상을 회절이라고 한답니다. 회절 덕분에 벽 너머의 목소리를 들을 수 있지요.

세슘은 분광기로 발견한 최초의 원소예요. 분광기는 분광 분석법으로 물질을 연구할 수 있게 해 주는 기기를 말하지요. 물질을 불꽃에 태우면 물질의 원자는 들뜬 상태가 돼요. 전자는 일시적으로 더 높은 **에너지 준위**로 뛰어올랐다가 다시 떨어지면서 빛의 형태로 에너지를 뿜어요. 분광기는 이 빛을 여러 선으로 나누는데 이를 '선 스펙트럼'이라고 불러요. 선 스펙트럼은 색을 띠는 얇은 선들의 집합체로, 각각의 원소는 고유한 스펙트럼을 나타내서 바코드처럼 서로 구별할 수 있답니다. 예전에는 분광기에 프리즘을 사용했지만 지금은 빛의 **회절**을 이용해 물질의 선 스펙트럼을 찾아내요.

세슘을 발견한 사람은 화학 연구에 처음으로 분광 분석법을 이용한 로베르트 분젠과 구스타프 키르히호프예요. 두 사람은 독일의 온천에서 가져온 물을 분석하다가 무지개처럼 여러 빛깔의 선이 차례로 늘어선 바코드 모양의 선 스펙트럼을 발견했어요. 이 바코드는 그때까지 알려진 그 어떤 원소와도 일치하지 않았고, 진한 푸른 선 2개가 뚜렷했어요. 두 사람은 이 새로운 원소에 '세슘(Cesium)'이라는 이름을 붙였어요. 하늘색을 뜻하는 라틴어 '카이시우스(*caesius*)'에서 따온 말이지요.

순수한 세슘은 스웨덴의 화학자 칼 세테르베리가 1882년에 **용해**된 바륨과 시안화세슘 혼합물을 전기 분해해서 처음 뽑아냈어요. 다른 알칼리 금속처럼 세슘도 쉽게 산화돼요. 원자의 핵은 양전하를, 전자는 음전하를 띠고 있어서 전자는 정전기적 인력으로 핵에 붙들려 있어요. 원자 반지름이 클수록 핵과 전자 사이의 거리도 멀어지고, 전자가 떨어져 나가기도 쉬워지지요. 세슘은 바깥쪽 전자에 미치는 핵의 힘이 가장 약하기 때문에, 알칼리 금속을 비롯해 자연에서 나오는 원소 가운데 반응성이 가장 높답니다.

세슘은 세상에서 가장 정확한 시계인 원자시계에 사용돼요. 우리가 쓰는 시간 단위는 원래 지구가 태양 주위를 한 번 자전하는 데 걸리는 시간을 기준으로 삼았어요. 이 시간을 하루로 잡고, 이를 다시 분과 초 단위로 나누면 1초의 길이가 나오지요. 하지만 지구가 공전, 자전하는 시간이 늘 일정하지 않기 때문에 1초의 길이도 아주 미세하게나마 바뀌는 문제가 생겼어요. 그래서 사람들은 언제 어디서나 변함없는 1초의 길이를 정하기로 했어요. 이때 기준으로 삼은 것이 바로 세슘이랍니다.

교과서 핵심 개념

용해

소금이나 설탕을 물에 넣으면 녹아서 사라져요. 이처럼 고체가 액체에 녹아 액체 사이에 섞이는 것을 용해라고 해요. 고체가 홀로 녹아 액체로 변하는 용융과는 다르답니다.

복사선

열은 한 물질에서 다른 물질로 전달되는 에너지예요. 주변 환경과 물질의 성질에 따라 크게 복사, 대류, 전도의 형태로 전달되지요. 그중 복사는 빛이 바로 열을 내보내는 방식이에요. 빛을 전달하는 다른 물질이 필요 없기 때문에 아무것도 없는 진공에서도 열을 보낼 수 있지요. 이처럼 물질이 뿜어내 복사 형태로 전달되는 에너지 파동을 복사선이라고 한답니다.

세슘은 핵 안의 입자 수에 따라 여러 종류로 나뉘어요. 그 가운데 하나인 세슘-133이 내뿜는 **복사선** 의 진동수는 어느 곳에서든 절대 변하지 않지요. 이를 기준으로 삼아 1967년, 국제적으로 1초의 길이를 정의했어요. 세슘 원자시계의 오차는 3,000년에 1초 정도로 매우 정확해요. 그래서 전 세계의 시간, 인공위성 같은 통신 체계의 기본이 되지요. 1972년부터 우리나라

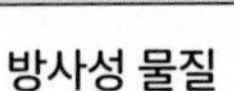

교과서 핵심 개념

방사성 물질

원소 중에는 원자핵이 스스로 무너지며 다른 물질로 바뀌는 종류가 있어요. 이 과정을 붕괴라고 하지요. 원자핵이 붕괴할 때 많은 에너지가 함께 나와요. 이 에너지를 '방사선', 붕괴하며 방사선을 뿜는 물질을 '방사성 물질'라고 해요. 그리고 이때 나오는 방사선의 세기를 '방사능'이라고 한답니다. 방사선은 높은 에너지로 생물의 몸을 통과하며 세포를 망가뜨리기 때문에 위험해요. 그래서 방사성 물질은 되도록 멀리하고, 꼭 필요할 때는 안전하게 다루어야 한답니다.

를 포함한 세계 여러 나라는 세슘 원자시계를 기준으로 한 국제표준시를 쓰고 있답니다.

이뿐만이 아니에요. 자연에 존재하는 세슘-133을 빼면 세슘은 모두 **방사성 물질** 이에요. 이들은 화합물을 이루어도 물에 잘 녹는 몇 안 되는 방사성 물질이어서 의학 분야에서 활용하기 적합하답니다. 예를 들어 염화세슘-137은 핵의학 분야에서 악성 종양을 일으키는 병인 암을 진단하고 방사선 치료를 하는 데 사용돼요. 또 염화세슘-131은 심장 혈관이 갑자기 막혀서 심장 근육이 망가지는 병인 심근경색증을 진단하는 데 이용되지요.

하지만 방사성 물질이기 때문에 여전히 많은 문제를 안고 있어요. 의료 과정에서는 아주 조금만 사용해서 안전하지만, 주변 환경에 방사성 세슘이 많으면 해로울 수 있어요. 예를 들어 1987년, 브라질 고이아니아에서는 세슘으로 방사능 오염 사고가 일어났어요. 문을 닫

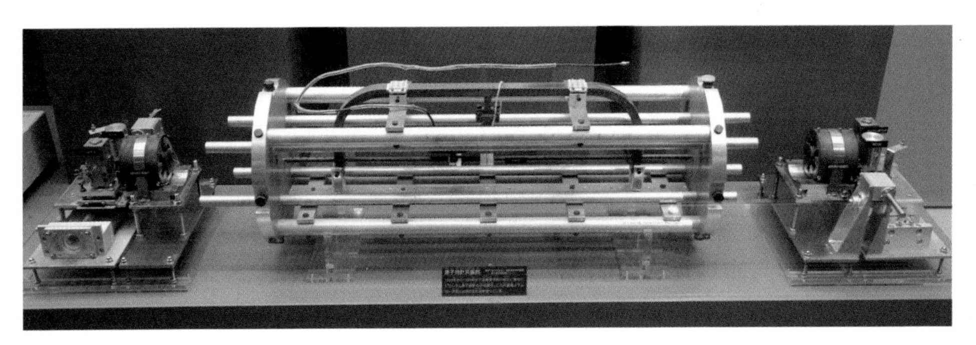

▲ 일본 과학박물관에 있는 원자시계 모형

은 병원에 두 명의 도둑이 들어 방치되어 있던 암 치료기기를 훔쳐 냈어요. 그들은 무거운 암 치료기기를 분해한 뒤 안에 있던 캡슐을 꺼냈지요. 그런데 이 캡슐에는 푸른색으로 빛나는 가루가 들어 있었어요. 형광 물질과 섞인 방사성 염화세슘이었지요. 빛나는 가루가 신기했던 두 도둑은 피부에 가루를 묻히고 다니면서 다른 사람에게도 방사능을 퍼뜨렸어요. 이들에게서 캡슐을 산 고물상의 가족들도 가루를 신기하게 여기고 사방에 방사능을 퍼뜨리고 다녔지요. 약 2주 만에 주민 250여 명이 방사능에 오염됐고 고열과 구토 같은 증세를 보였어요. 그중에서 4명은 목숨을 잃었고요. 이 가운데는 고물상의 딸인 여섯 살짜리 소녀도 있었답니다.

세슘의 방사능은 지금도 문제가 되고 있어요. 하지만 세슘이 원자시계와 의료기기를 비롯해 다양한 분야에서 활약하고 있는 것도 사실이지요. 이 '위험한 원소'를 제대로 쓰기 위해서는 세슘이 가진 양면성을 확실히 이해해야 해요. 우리가 원소를 배우는 이유이기도 하답니다.

이것만은 꼭 기억하세요

- 세슘은 분광기로 얻은 색의 띠인 스펙트럼을 통해 발견된 원소예요.
- 세슘을 이용해 만든 원자시계는 전 세계 시간의 기준이 될 만큼 아주 정확해요.
- 세슘의 방사능은 암이나 심근경색증 같은 병을 진단하거나 치료하는 데 쓰여요.

우라늄, 위험하기만 한 건 아니야

우라늄은 정말 놀라워요. 특별한 성질로 물리학에 혁명을 일으켰고, 20세기 중반에는 거대한 폭발음과 더불어 세계 역사마저 뒤바꾸었거든요. 지금은 에너지 분야에서 가장 큰 활약을 하고 있지요. 이 놀랍고도 무서운 원소는 앞으로 또 어떤 일을 일으킬까요?

교과서 핵심 개념

운석
우주를 떠도는 암석들이 지구의 중력에 붙잡히면 지구로 떨어져요. 대기권의 공기 입자들과 마찰하면서 활활 타오르고 남은 조각은 땅에 떨어져 운석으로 발견된답니다.

교과서 심화 개념

복사 스펙트럼
물질이 내뿜는 복사선의 스펙트럼을 말해요. 스펙트럼은 빛의 성분을 파장의 순서대로 죽 이어 놓은 거예요. 우리 눈에 보이는 가시광선은 무지갯빛 순서로 나타나지요.

우라늄은 여기저기에 있어요. **운석**, 달의 토양, 별의 **복사 스펙트럼** 속에서도 모습을 보이지요. 지구의 지각 속에는 은보다도 우라늄이 1,000배 이상 더 많답니다. 양으로 따지면 아연, 납과 비슷할 정도지요. 그러니 사람들이 정체도 모르고 금속 우라늄을 썼던 건 당연했을 거예요.

1912년 고고학자들은 나폴리만의 포실리포곶에 있는 로마 마을을 발굴하는 동안, 서기 1년에 산화우라늄을 이용해 노란색으로 착색한 모자이크 조각들을 발견했답니다. 근대인은 이보다 좀 늦었어요. 19세기 초반에야 산화우라늄으로 스테인드글라스를 만들 수 있었으니까요. 1840년에는 화학자들이 광석에서 산화우라늄만 추출하는 방법을 알아내 대량 생산이 시작됐지요. 1920년에서 1940년 사이는 강렬한 색으로 화려한 장식품을 만드는 '아르데코 양식'이 건축과 보석 등 여러 디자인에서 전성기를 누리던 시기예요. 다양한 색을 낼 수 있는 우라늄 유리의 인기도 이때 절정에 이르렀답니다.

산화우라늄은 도자기에 윤을 내는 **안료** 와 **염료** 로도 사용됐어요. 자연 상태의 산화우라늄을 가열하면 오래가는 진한 노란색을 만들 수 있지요. 나중에 작업자들이 갈색, 초록색, 검은색 유약을 만드는 방법도 알아냈어요. 우라늄의 특성이 상당히

교과서 핵심 개념

안료와 염료

안료는 물감이나 플라스틱, 고무에 색을 내는 재료예요. 물이나 기름에 녹지 않는 고체 분말의 형태를 하고 있지요. 이 분말을 액체와 섞어 물체 표면에 바르거나 액체 그 자체의 색을 낸답니다. 염료 역시 색을 내는 재료지만, 안료와 다르게 물에 잘 녹기 때문에 주로 천을 물들일 때 써요.

▲ 아르데코 양식의 유리 제품. 유리에 들어 있는 우라늄이 아름다운 녹색을 만들어 냈다.

교과서 심화 개념

전자구름
원자 안의 전자는 하나하나 따로 움직이지 않아요. 마치 구름처럼 뭉쳐서 궤도에 퍼져 있지요. 이 덩어리를 전자구름이라고 한답니다.

많이 밝혀졌던 20세기까지 산화우라늄 유약을 칠한 그릇이 만들어졌답니다.

그러나 유약이나 유리 모두 자연 상태의 우라늄 화합물을 조금 썼을 뿐이에요. 우라늄만의 기계적, 전기적, 광학적 성질과 어마어마한 에너지를 이용하면서 우라늄이 활약하는 분야는 점점 더 늘어났지요. 이 과정을 이해하려면 방사선이 나오는 원리를 이해해야 해요.

원자의 **전자구름**은 핵 주위를 빙글빙글 돌고 있어요. 핵은 양성자와 중성자로 이루어져 있지요. 원자는 전자를 주고받을 수 있어요. 전자의 수가 핵 안의 양성자 수와 같다면 원자는 전하를 띠지 않고 전기적으로 중성이에요. 그 수가 다르다면 원자는 전자가 더 많을 때 음전하를 띠고, 양성자가 더 많을 때 양전하를 띠어요. 전하를 띠는 원자를 이온이라고 부른답니다.

어떤 물질은 원자의 핵이 불안정해요. 그래서 스스로, 또는 외부의 힘에 영향을 받아 어마어마한 에너지를 뿜어내며 붕괴하지요. 핵붕괴는 핵의 안정적인 조각이 남을 때 멈춰요. 물질은 붕괴하면서 아예 다른 물질로 변할 때도 있지만, 핵을 이루는 입자의 수만 다른 물질로 남을 수도 있어요. 이렇게 양성자 수가 같아서 원소는 같지만 중성자 수는 서로 다른 경우를 '동위원소'라고 불러요.

자연 상태의 우라늄은 세 가지 동위원소로 존재해요. 그중 대부분이 우라늄-238이에요. 지구에서 자연적으로 나오는 우라늄 가운데 99.3퍼센트를 차지하지요. 우라늄-235는 0.7퍼센트, 우라늄-234는 극소량인 0.006퍼센트 미만을 차지해요. 동위원소의 이름 뒤에 붙는 숫자는 중성자의 수를

▲ 광산에서 캐낸 우라늄 광석. 이 광석을 제련하면 우라늄-238이 나온다.

나타내요. 수가 클수록 중성자가 많아서 원자가 무겁지요. 우라늄의 경우 우라늄-238이 가장 무거운 동위원소랍니다.

우라늄-238은 광석이나 암석의 연대를 결정하는 데 쓰여요. 모든 방사성 동위원소의 양은 시간에 따라 급격히 줄어들어요. 각 동위원소에는 그 양이 반으로 줄어드는 데까지 걸리는 기간이 있답니다. 이것을 반감기라고 해요. 예를 들어 우라늄-238의 반감기는 45억 년, 우라늄-235는 7억 5000만 년, 우라늄-234는 25만 년이에요.

반감기가 지난 방사성 동위원소를 표본에서 분리해, 동위원소가 붕괴해서 만들어진 물질인 안정 동위원소와 함께 그 수를 세어 보면 방사성 동위원소가 얼마나 많이 붕괴했는지 알 수 있어요. 이때 주어진 물질의 반감기를 알면 표본의 연대를 계산할 수 있지요. 이처럼 방사능을 바탕으로 암석, 화석, 유물 등 지층에서 나오는 오래된 것들의 연대를 알아내는 방법을 '방사성 동위원소 연대 측정'이라고 불러요.

우라늄-납 연대 측정은 가장 많이 쓰이는 방사성 동위원소 분석법 중 하나예요. 처음 붕괴한 방사성 우라늄의 핵은 불안정한 토륨 원자를 형성하고 토륨이 붕괴하면 프로트악티늄으로 변해요. 그 후 계속해서 붕괴가 일어나고 마지막으로 안정 동위원소인 납이 생기지요.

우라늄-235는 굉장히 불안정해요. 우라늄-235 원자에 중성자가 부딪히면, 원자핵은 바로 붕괴하며 핵분열을 일으키지요. 원자핵이 붕괴하는 과정에서 튀어나온 중성자는 옆에 있는 우라늄-235 원자에 부딪히면서 새로운 핵분열을 다시 일으키고요. 이런 식으로 끊임없이 핵분열이 일어나는 상황을 '연쇄 반응'이라고 해요. 우라늄-235는 연쇄 반응을 일으키며 계속 에너지를 뿜어내기 때문에 원자력 발전소와 원자폭탄 같은 핵무기에 쓰여요. 원자력 발전소가 4~5퍼센트 농축된 우라늄이 필요하다면, 핵무기 제작에는 적어도 80~90퍼센트 농축된 우라늄이 있어야 하지요.

핵무기에 들어간 우라늄 하나하나의 전하는 크기가 작아요. 하지만 폭발이 너무 자주 일어나기 때문에 결국 초속 약 1,000킬로미터로 이동하는 강력한 충격파를 일으키지요. 1945년, 미국이 일본 히로시마에 떨어뜨린 원자폭탄은 64킬로그램의 우라늄 중 1.5퍼센트만으로도 엄청난 폭발을 가져왔어요. 원자폭탄이 터지면 우라늄의 연쇄 반응으로 만들어진 강한 열이 주변을 모조리 불태워 버려요. 폭발하며 흩날린 우라늄의 방사성 먼지가 서서히 내려앉으며 2차 **피폭** 을 일으키고요.

만약 우라늄-235의 연쇄 반응을 사람이 제어할 수 있다면 어떻게 될까요? 필요한 만큼만 우라늄을 분열시켜 에너지를 얻으면 인류에게 도움이 되지 않을까요? 이런 생각에서 원자력 발전소가 탄생했어요. 1951년, 미국의 실험용 원자로 EBR-1이 세계 최초로 원자력을 이용해 전기를 만들어 냈어요. 지금은 전 세계에서 약 450개의 원자로를 가동하고 있지요. 전 세계 에너지 발전량의 10~12퍼센트를 차지한답니다.

피폭

생물의 몸이나 물체가 방사선을 맞고 그 에너지를 흡수하는 것을 뜻해요. 원자폭탄이 터지거나 원자력 발전소에 사고가 나 높은 에너지를 가진 방사선에 피폭되면 세포나 DNA가 망가질 수 있기 때문에 위험하지요.

전문가들은 원자력 발전소가 가장 안전하고 친환경적인 에너지 시설이라고 주장해요. 시설에 아무 문제만 없다면 이 말이 틀리진 않아요. 하지만 원자로를 제대로 제어하지 못하면 핵연료가 담긴 원자로가 녹거나 폭발하는 사고가 일어날 수 있어요. 체르노빌과 후쿠시마 원전 사고가 대표적인 예지요. 폭발이 일어나지 않더라도, 원자로의 핵연료를 식힐 때 꼭 필요한 냉각수를 통해 방사능이 새어 나올 수도 있어요. 이 때문에 원자력 발전소는 다른 발전소보다 훨씬 조심히 다루어야 하는 시설이랍니다.

이것만은 꼭 기억하세요

- ☑ 우라늄은 원자핵이 붕괴할 때 방사선을 내뿜는 방사성 원소로 자연에 존재해요.
- ☑ 방사성 동위원소의 반감기를 이용하면 광석이나 암석의 연대를 알아낼 수 있어요.
- ☑ 원자력 발전소는 끊임없이 핵분열을 일으키며 에너지를 내뿜는 우라늄의 방사성 동위원소를 이용해 전기를 만들어 내요.

중2 Ⅵ. 물질의 특성

중2 Ⅴ. 동물과 에너지

중3 Ⅳ. 자극과 반응

예습

과학 교과서 정복하기

복습

초5-1 용해와 용액

초5-1 다양한 생물과 우리 생활

초6-2 우리 몸의 구조와 기능

식탁 위의 원자와 분자

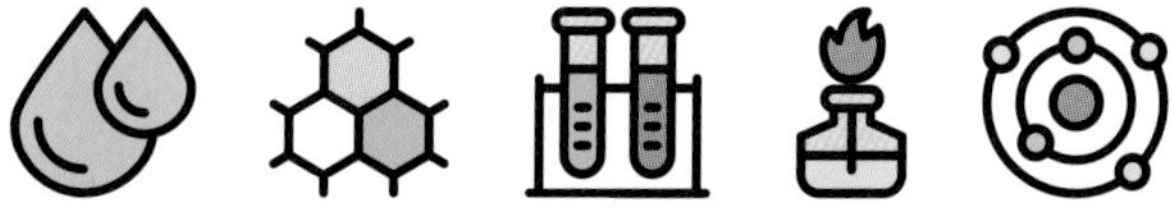

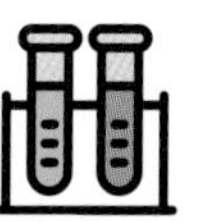

초콜릿을 먹으면 왜 기분이 좋지?

아이스크림과 비누의 공통점

고춧가루는 사실 독극물이다?

 초콜릿을 먹으면 왜 기분이 좋지?

아즈텍 제국의 황제 몬테수마 2세는 '이것'으로 만든 음료를 하루에 50잔이나 마실 수 있었다고 전해 내려와요. 현대인들 역시 '이것'을 너무 좋아한 나머지 1년에 한 번 있는 세계적인 기념일을 '이것'으로 기리지요. 밀크, 다크, 화이트, 액상…. 모두 다 '이것'의 형태랍니다. 바로 초콜릿이지요. 그런데 사람들이 초콜릿을 좋아하는 이유에는 화학이 숨어 있어요.

?!

교과서 핵심 개념

적도
지구를 크게 남북으로 나누는 중심선이에요. 적도부터 북극까지는 북반구, 적도부터 남극까지는 남반구에 해당하지요. 적도의 위도는 0도고, 북쪽과 남쪽으로 갈수록 위도가 각각 커진답니다. 적도를 따라 무더운 열대 기후 지역이 펼쳐져 있어요.

'초콜릿'이라는 이름은 쓴맛 나는 물이라는 뜻의 아즈텍 말인 '쇼콜라틀'에서 유래했어요. 초콜릿의 재료인 '코코아'라는 말 역시 기원전 1000년에 있었던 중앙아메리카 최초의 문명인 올멕 문명에서 쓰기 시작했지요. 중앙아메리카에 자리 잡은 마야와 아즈텍 사람들은 종교 의식에 쓰려고 3세기부터 카카오나무를 길렀답니다. 카카오나무의 열매를 따서 가공한 것이 바로 코코아지요.

카카오나무는 **적도** 위아래로 20도 안에 있는 습한 열대 기후 지역에서 자라요. 완두콩 껍질처럼 생긴 꼬투리마다 코코아 분말 같은 초콜릿 원료를 만드는 카카오빈이 30~50개 들어 있지요. 카카오나무에서 꼬투리를 따서 안에 있는 카카오빈을 먹어 보면 쓴맛에 아마 실망할 거예요. 카카오빈을 가지고 초콜릿을 만들려면, 시간이 오래 걸리는 복잡한 과정을 거쳐야 해요. 설탕, 우유 등 여러 재료를 더해야 카카오빈에서 나는 쓴맛을 감출 수 있답니다.

먼저 카카오빈을 카카오나무에서 딴 지 하루에서 이틀 안에 **발효** 시켜야 해요. 발효가 끝날 때까지는 5일에서 7일 정도 걸리지요. 발효를 할 때, 여러 미생물이 담긴 상자에 카카오빈을 집어넣어요. 그럼 **효모** 가 카카오빈 속에 있는 탄수화물을 에탄올로 바꿔요. 그리고 박테리아가 산소를 더해 에탄올을 아세트산으로 바꾸지요. 발효하면서 나

교과서 핵심 개념

발효
미생물이 산소가 없는 환경에서 사람에게 유용한 물질과 에너지를 만드는 과정이에요. 예를 들어 곰팡이는 콩을 발효시켜 여러 가지 장을 만들고, 젖산균은 김치의 새콤한 맛을 내지요.

효모
균류에 속하는 미생물로, 물과 당분을 먹고 에탄올과 이산화탄소를 만들어요. 인간은 수천 년 전 고대부터 효모의 이산화탄소로 빵을 부풀리고 에탄올로 술을 빚었어요.

▲ 카카오나무 열매 안의 하얀색을 띤 덩어리가 카카오빈이다.

교과서 핵심 개념

세포벽
세포를 둘러싼 튼튼한 벽으로, 식물세포에만 있어요. 동물세포는 세포막으로만 둘러싸여 있답니다. 세포벽과 세포막 둘 다 세포의 핵과 세포질을 보호하고 형태를 유지하는 역할을 해요.

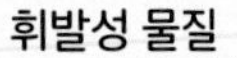

교과서 심화 개념

휘발성 물질
액체 상태로 두면 유독 빨리 증발해 사라지는 물질이 있어요. 이런 물질을 휘발성 물질이라고 해요. 대부분 탄소와 수소가 있는 탄화수소 물질로, 살충제에 쓰이는 벤젠이 대표적이에요. 휘발성 물질은 증발하며 코를 찌르는 독특한 냄새를 풍기는 데다, 기체에 불이 붙기 쉽기 때문에 주의해야 한답니다.

는 열 때문에 온도가 올라가 카카오빈이 물러진답니다. 발효 과정에서 생긴 아세트산이 카카오빈의 **세포벽** 을 분해하면 단백질이 아미노산으로 분해되면서 산소와 만나요. 그래서 카카오빈이 어둡게 변하지요. 바로 이때 초콜릿에서 고유의 맛과 향을 나게 하는 **휘발성 물질**이 생기기 시작해요. 마지막으로 남은 아세트산이 이산화탄소와 물로 바뀌면 발효가 끝난답니다.

발효가 끝나면 카카오빈을 씻어 크기에 따라 나눈 다음, 돌려 가며 열로 익혀요. 이 과정을 '로스팅'이라고 하지요. 로스팅을 하는 동안에 카카오빈의 신맛이 사라지고 껍질이 잘 부서지며 색은 더 어두워진답니다. 마지막으로 휘발성이 있는 초콜릿 분자가 섞이기 시작해요. 로스팅을 하고 나면 카카오빈에서 알맹이를 빼내 갈고 되직하게 반죽해 코코아 원액을 만든답니다. 이 정도가 되면 디저트를 만들 때도 쓸 수 있지요. 시중에 판매되는 초콜릿은 코코아 원액을 지방이 많은 카카오버터와 고체인 코코아 분말로 분리해서 만들어요.

초콜릿을 만들 때 코코아 원액에 카카오버터를 넣고 섞어요. 이때 초콜릿 종류에 따라 코코아 원액과 카카오버터의 비율이 서로 달라져요. 여기에 설탕, 바닐라, 밀크파우더 등 다른 재료도 넣지요. 모든 재료를 섞은 혼합물은 나무에서 갓 딴 카카오빈보다 훨씬 맛과 향이 진해요. 가끔은 오도

독 소리가 날 만큼 식감이 살아 있기도 하지만요. 점점 온도를 올리면서 이 혼합물을 천천히 저으면 초콜릿의 식감이 달라져요. 오래 저을수록 부드럽고 균일한 초콜릿을 만들 수 있지요. 초콜릿 종류에 따라 4시간에서 72시간까지 저어요.

이제 모양을 잡고 단단하게 굳히기만 하면 된답니다. 이때 초콜릿이 단단해지는 온도에 따라 초콜릿의 성질이 달라지지요. 실수하면 입에 넣기도 전에 손에서 초콜릿이 녹아 버릴 수도 있어요. 어쩌면 이가 아플 정도로 딱딱한 초콜릿이 탄생할 수도 있고요. 카카오버터에 들어 있는 지방산인 올레산, 스테아르산, 팔미트산이 굳는 온도가 각각 다르기 때문이에요. 지방산들이 따로따로 결정을 만들어서 초콜릿 식감이 이상해진답니다.

흔히 초콜릿을 '행복의 묘약'이라고들 해요. 광고 회사가 초콜릿을 팔기 위해 만든 이야기만은 아니랍니다. 초콜릿 속에는 기분을 좋게 하고 힘을 북돋아 주며 두뇌 활동을 자극하는 화학 물질이 있기 때문이에요.

테오브로민은 식물에 들어 있는 알칼로이드의 하나로 카페인과 화학적

▲ 왼쪽부터 카카오빈을 가공해 만든 카카오닙스, 코코아 분말, 카카오버터다. 화이트 초콜릿은 이 원료들 중 카카오버터만 사용해 만들어진다.

교과서 심화 개념

시냅스

뇌와 척수를 비롯한 신경계는 뉴런이라는 특별한 세포로 이루어져 있어요. 뉴런은 커다란 머리와 긴 꼬리를 갖고 있는데, 이 머리와 꼬리가 서로 맞닿아 이어지면서 몸에 들어온 자극이나 뇌의 명령을 온몸에 전달한답니다. 시냅스는 바로 한 뉴런의 머리와 다른 뉴런의 꼬리가 맞닿는 부분, 다시 말해 뉴런을 통해 온 신호가 다른 뉴런으로 전해지는 곳을 말해요.

항산화제

산화를 막는 물질이에요. 우리 몸의 세포는 일하는 과정에서 활성 산소를 만들어 내요. 활성 산소는 다른 분자와 만나면 바로 반응해 산화를 일으켜요. 이 때문에 세포나 DNA가 망가지지요. 항산화제는 이 과정을 막아 세포를 건강하게 지켜 주는 역할을 한답니다.

으로 비슷해요. 차와 커피뿐 아니라 코코아와 초콜릿에도 많지요. 테오브로민은 초콜릿 속에 함께 들어 있는 카페인과 비슷하게 우리 두뇌에 영향을 줘요. 그래서 초콜릿을 먹으면 힘이 솟아나는 것 같답니다. 하지만 테오브로민과 카페인이 반려동물에게는 위험하다는 사실을 잊지 마세요. 반려동물이 작을수록 초콜릿을 먹었을 때 더 위험하답니다. 심할 경우 경련을 일으키거나 심장 마비가 올 수도 있어요.

초콜릿에는 아난다미드도 조금 들어 있어요. 아난다미드는 두뇌 **시냅스**를 자극하고 긍정적인 감정과 관련된 신호가 더 잘 전달되도록 도와준답니다. 게다가 초콜릿에는 두뇌에서 행복을 담당하는 부분에 영향을 주는 페닐에틸아민도 있어서 기분이 좋아지고 집중력이 높아지지요.

초콜릿을 이루는 화학 물질은 여럿이 모였을 때 더 큰 효과가 나타나요. 테오브로민, 카페인, 아난다미드 등 중추 신경계에 영향을 주는 물질은 혼자일 때는 우리 몸에 별 영향을 주지 않아요. 하지만 설탕과 합쳐지면 우리 몸에 딱 맞는 영향을 주고 기분이 좋아지게 한답니다. 또 설탕은 우리 몸에 에너지를 공급해 주기도 해요. 다크 초콜릿에는 설탕이 30퍼센트, 밀크 초콜릿에는 50~60퍼센트가 들어 있지요.

초콜릿 중에서도 특히 다크 초콜릿은 오랫동안 천연 **항산화제**로 알려져 왔어요. 실제로 카카오빈에는 항산화 효과가 있답니다. 카카오빈으로 만든 코코아 분말 역시 항산화 성분이 많아 혈관 세포가 망가지는 것을 막고 노화를 늦춰 주지요. 그러나 이런 물질은 대부분 요리할 때 파괴되기 때문에 마트에서 파는 포장된 초콜릿이 몸에 진짜로 좋은 건 아니에요. 또 코코아 분말이 없는 화이트 초콜릿에는 항산화 성분이 아예 없지요.

초콜릿의 효능은 반드시 부작용도 함께 기억해야 해요. 초콜릿은 칼로리가 아주 높답니다. 초콜릿으로 만든 초코바에는 탄수화물과 지방이 많이 들어 있어요. 성인의 하루 섭취 권장량이 2,000킬로칼로리인데, 100그램짜리 초코바 1개가 500~600킬로칼로리지요. 초콜릿을 아예 안 먹을 필요까지는 없어요. 그래도 건강하게 오래 살려면 뭐든 적당해야 한다는 것을 잊지 마세요. 균형 잡힌 식단과 함께 매일 초콜릿을 두 쪽 정도 먹으면 크게 나쁜 영향을 받지 않는답니다. 기분이 좋아지는 동시에 집중력을 발휘해서 일을 빨리 끝낼 수도 있을 거예요.

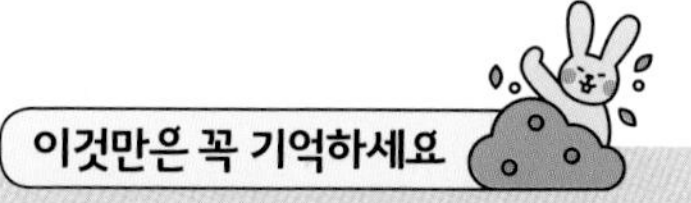

- 카카오빈은 카카오나무에서 나는 열매의 씨로, 초콜릿을 만드는 원료가 돼요.
- 발효를 거친 카카오빈에는 초콜릿에 맛과 향을 더해 줄 휘발성 물질이 만들어져요.
- 초콜릿 속에 들어 있는 테오브로민과 페닐에틸아민 같은 화학 물질은 설탕과 함께 우리 기분을 좋아지게 해요.

아이스크림과 비누의 공통점

생선을 먹고 나서 손에 묻은 생선 기름은 물로는 잘 씻기지 않아요. 비누를 써야만 하지요. 질병을 일으키는 병원균과 바이러스를 없애기 위해 손과 팔을 깨끗하게 씻을 때도 비누가 꼭 필요해요. 부글부글 거품이 나면서 바이러스와 때, 그 밖의 오염을 깨끗하게 지워 내는 비누의 능력은 어디서 오는 걸까요? 답은 바로 계면활성제에 있답니다.

물은 수소 2개와 산소 1개로 만들어져요. 원자가 전자를 끌어당기는 능력을 '전기 음성도'라고 하는데, 산소의 전기 음성도는 수소보다 높아요. 다시 말해 산소는 전하를 띤 전자를 자기 쪽으로 끌어당기지요. 그래서 산소 쪽에는 음전하가 모이고 수소 쪽에는 양전하가 모이게 돼요. 이런 분자를 가리켜 '극성을 띤다'라고 한답니다. 아세톤처럼 극성을 띤 분자는 다른 극성 분자에 전기적으로 끌려요. 물도 극성 용매지요.

그러면 기름은 왜 물에 녹지 않을까요? 예를 들어 가솔린을 물에 부어도 두 액체는 섞이지 않아요. 가솔린이 물 위에 둥둥 떠 있지요. 가솔린은 탄소가 수소와 결합한 **유기 화합물**인 탄화수소 혼합물이에요. 가솔린의 주요 성분은 헵탄인데 탄소와 수소로 만들어졌어요. 전기 음성도가 비슷한 탄소와 수소는 전자를 서로에게서 뺏으려 하지 않아요. 전하가 한쪽으로 치우치지 않기 때문에 헵탄 분자는 무극성이에요.

그런데 극성 분자와 무극성 분자는 서로 섞이지 않아요. 그래서 극성인 물에 무극성인 가솔린을 넣으면 잘 섞이지 않는 거예요. 그 밖에 식용유, 동물의 지방 같은 기름은 대부분 무극성이지요. 사람 몸에서 나오는 때와 피지도 마찬가지고요. 그렇기 때문에 비누 없이 물만으로는 기름때를 씻어 낼 수가 없답니다.

> **교과서 심화 개념**
>
> **유기 화합물**
>
> 탄소가 다른 물질과 결합해 만들어진 화합물을 말해요. 단, 산소와 결합한 일산화탄소나 이산화탄소는 유기 화합물이 아니에요. 유기 화합물은 생물의 몸을 만드는 재료랍니다. 예전에 살던 생물이 땅속에 묻혀 변한 화석 연료 역시 유기 화합물로 이루어져 있지요.

계면활성제는 세제의 주요 성분으로 먼지와 때를 씻는 세정 작용을 해요. 계면활성제는 마치 올챙이나 성냥개비처럼 생겼어요. 긴 꼬리는 분자 안에서 전하가 분리되지 않는 무극성이에요. 반대로 머리는 전하가 몰려 있어서 극성과 친수성을 띠어요. 친수성이라는 말은 분자나 분자의 일부분이 물 분자와 잘 결합한다는 뜻이에요. 계면활성제는 꼬리를 지방에 담그고, 머리는 바깥으로 내밀어서 물 분자와 결합해

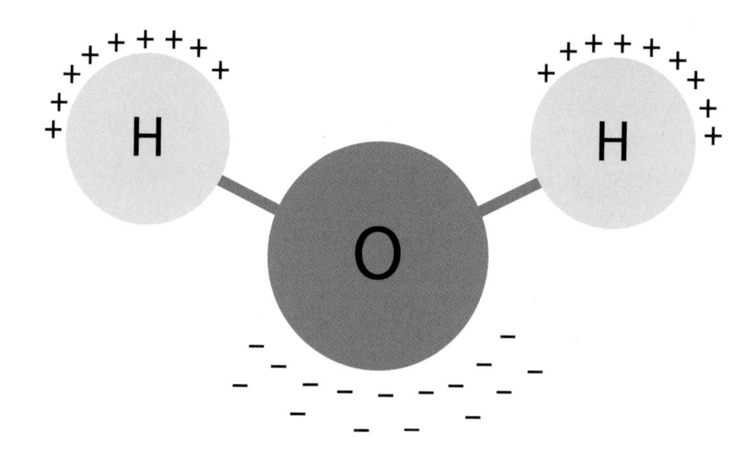

▲ 수소 2개와 산소 1개로 이루어진 물에서 음전하는 전기 음성도가 더 높은 산소에 끌린다.

요. 그러면 아주 작은 방울인 '미셀'이 만들어지는데, 미셀은 물에 잘 씻겨 나가요. 덕분에 계면활성제는 기름과 때를 씻어 낼 수 있답니다.

비누에 있는 스테아르산 소듐은 대표적인 계면활성제예요. 물에 들어가면 물체에 붙은 때를 미셀 형태로 떼어 내 물체에서 분리해 버리지요. 비누가 **바이러스**를 막을 수 있는 이유도 계면활성제의 성질 덕분이에요. 바이러스는 지방산으로 이루어진 막으로 자신을 보호해요. 그런데 계면활성제가 들어간 비누나 손 세정제가 바이러스의 막에 닿으면, 지방과 친한 꼬리 부분이 막을 끌어당겨 조각내 버려요. 바이러스는 힘을 잃고 조각난 막은 물에 쓸려가 버리지요.

물과 기름 같은 액체가 스스로를 끌어당기는 힘을 **표면장력**이라고 해요. 그런데 액체에 계면활성제를 넣으면 표면장력이 줄어든답니다. 계면활성제가 액체 표면으로 모여드는 흡착 과정 때문이에요. 계면활성제가 액체를 대신하게 되면서 표면장력이 줄어들지요. 흡착 과정에서 오염 물질의 성질은 크게 변해요. 물과 섞이지 않는 표면은 친수성이 높아지면서 물에 젖어 들게 되지요. 계면활성제는 경계가 맞닿은 두 물질 중 하나에 녹고요. 계

교과서 핵심 개념

바이러스

생물도, 무생물도 아닌 존재예요. 가만히 두면 먹거나 자라거나 대사를 하거나 움직이지 않는 분자 덩어리에 불과해요. 하지만 다른 생물(숙주)의 몸에 들어가면 세포에 침입해 자신의 유전 정보를 복사하고 자손을 만들어 내지요. 이때 만들어진 새로운 바이러스들은 숙주의 몸 밖으로 나온 뒤, 다른 숙주를 만날 때까지 다시 분자 덩어리 상태로 있어요. 바이러스가 숙주의 세포에 들어가 번식하는 과정에서 세포를 망가뜨리기 때문에 여러 가지 질병이 일어난답니다.

교과서 심화 개념

표면장력

물 표면에 있는 분자들은 물속 분자들보다 안쪽으로 더 강한 힘을 받아요. 표면장력은 이렇게 액체 표면에 존재하는 '당기는 힘'을 말해요. 액체는 표면장력 때문에 되도록 표면적을 작게 줄이려 한답니다. 물체가 같은 부피일 때는 동그란 공 모양을 이룰수록 표면적이 줄어들어요. 그래서 비눗방울이나 물방울이 공처럼 동그랗게 모이는 거랍니다.

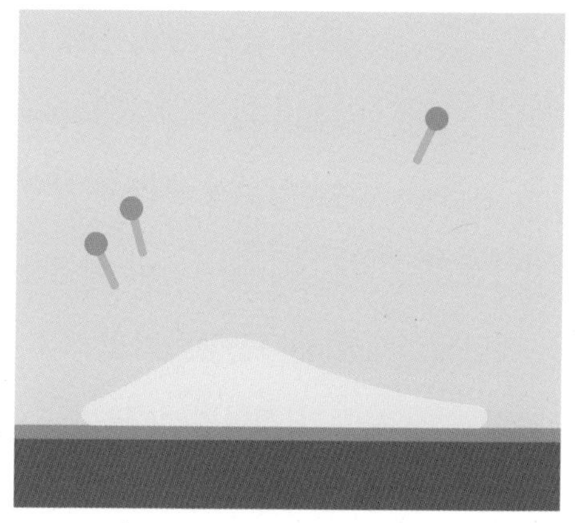

❶ 계면활성제가 오염 물질에 다가간다.

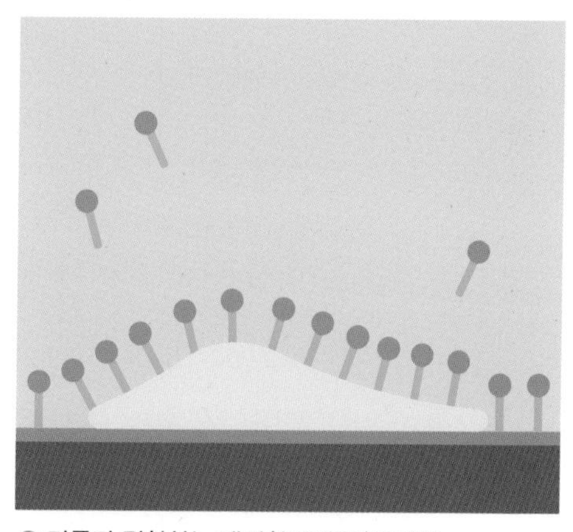

❷ 기름과 결합하는 계면활성제의 '꼬리'가 오염 물질에 붙는다.

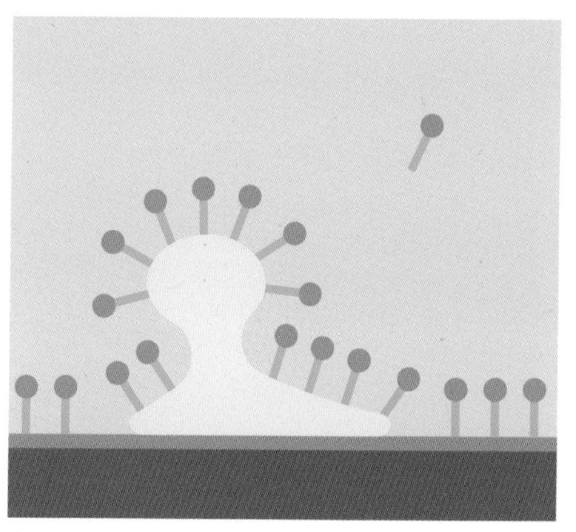

❸ 미셀이 만들어지며 오염 물질을 물체 표면에서 떼어 낸다.

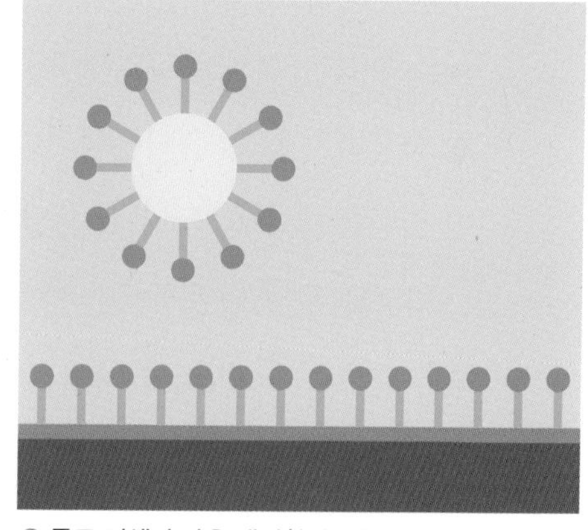

❹ 물로 미셀과 남은 계면활성제를 씻어 내면 물체 표면이 깨끗해진다.

비누가 때를 씻는 원리

교과서 핵심 개념

용질
물질이 액체에 녹는 용해가 일어날 때 녹는 물질을 말해요. 녹이는 액체는 용매라고 하지요.

면활성제를 더 많이 넣을수록 **용질**의 성질은 더 크게 변하지요.

계면활성제는 성분에 따라 음이온성, 양이온성, 비이온성으로 나뉘어요. 비누의 주성분인 스테아르산 소듐은 전형적인 계면활성제 구조를 갖고 있어요. 극성을 나타내는 머리가 음전하를 띠기 때문에 음이온의 성질을 나타내지요. 이와 비슷한 구조를 가진 계면활성제를 음이온성이라고 해요. 음이온성 계면활성제는 역사적으로 가장 오래 사용한 계면활성제지만 문제점이 있어요. 마그네슘이나 칼슘 같은 무기질 원소가 많이 들어 있는 '센물'을 만나면 그 속의 양이온과 강하게 작용해 세정 효과가 없어지거든요.

양이온성 계면활성제는 머리가 양전하를 띠어요. 세정 효과는 약하지만 세균과 같은 미생물을 없애고, 녹이 슬거나 썩는 걸 막아 줘요. 단독으로는 잘 사용하지 않고, 음이온성이나 비이온성 계면활성제와 섞어 쓰지요. 요즘은 비이온성 계면활성제와 혼합하는 경우가 많아요.

비이온성 계면활성제는 분자 구조가 더 복잡하지만 기본은 같아요. 꼬리는 긴 탄소 사슬이고 머리는 친수성이에요. 센물에 들어 있는 칼슘이나 마그네슘 양이온과 반응하지 않는 것이 장점이지요. 그래서 비이온성 계면활성제는 가루비누나 여러 종류의 세제로 쓰여요.

먹는 것에도 계면활성제의 원리가 숨어 있어요. 바로 아이스크림이랍니다. 아이스크림은 서로 섞이지 않는 두 액체를 합친 용액이에요. 물과 설탕, 얼음 알갱이가 공기 방울과 함께 섞인 혼합물에 지방 입자가 흩어져 있는 상태지요. 이런 용액을 에멀션이라고 한답니다. 지방은 물과 섞이지 않기 때문에 이 혼합물을 고르게 섞으려면 '유화제'가 필요해요. 유화제는 계면활성제의 하나로, 아이스크림에서 아주 중요한 분자예요. 한쪽 끝은 물, 다른 쪽 끝은 지방과 결합해 에멀션을 만들지요. 가장 흔하게 볼 수 있는 에멀션은 우유랍니다. 우유에 든 단백질이 유화제로 작용해서 지방을 둘러싸 물과 잘 섞이게 하지요. 마요네즈 역시 아이스크림처럼 유화제를 이용해 잘 섞이지 않는 지방과 물을 균일하게 섞은 에멀션 상태의 식품이랍니다. 마요네즈에서는 달걀노른자가 유화제 역할을 해요.

- 물과 기름은 각각 극성 분자와 무극성 분자이기 때문에 서로 잘 섞이지 않아요.
- 계면활성제의 꼬리는 지방에, 머리는 물에 달라붙어서 때를 벗기는 미셀을 만들어요.
- 아이스크림에 들어가는 유화제는 섞이지 않는 두 액체가 고르게 섞이도록 하는 계면활성제의 하나예요.

고춧가루는 사실 독극물이다?

매운맛이 계속 인기를 끌고 있어요. 매운맛을 좋아하지 않는다 해도 매운맛이 입 안을 채울 때의 알싸한 느낌을 모르진 않을 거예요. 고추의 매운맛을 즐기는 사람이 있는 반면, 겨자나 생마늘을 선호하거나 고추냉이 소스를 즐기는 사람도 있지요. 무얼 먹든지 식물이 스스로를 보호하기 위해 진화로 얻은 매운 '화학 무기'는 우리 몸으로 흡수된답니다.

교과서 핵심 개념

박테리아
세포 하나로 이루어진 단세포 생물이에요. 세균이라고도 부르지요. 박테리아는 어디서든 살아요. 우리 몸속에도 수십조 마리의 대장균이 살고 있지요. 대장균이 없다면 장이 제 역할을 하지 못해 밥을 먹거나 화장실에 갈 때마다 아주 괴로울 거예요.

교과서 심화 개념

진균류
균류의 한 종류로 마치 실 같은 균사를 만들어 포자로 번식해요. 곰팡이와 버섯, 효모 등이 속하지요.

고추, 마늘, 겨자 같은 일부 식물은 **박테리아**와 **진균류**에게서 스스로를 보호하기 위해 특별한 물질을 만들어 내는 방법을 깨우쳤어요. 이 화합물들은 음식을 상하게 만드는 **미생물**과도 싸워 이긴답니다. 사람들은 이 능력을 이용하기 위해 매운 식물로 만든 향신료를 식품에 첨가하기 시작했어요. 모든 사람이 곧바로 천연 방부제에 익숙해지지는 않았지요. 어떤 사람들은 고추 맛을 싫어했고 또 어떤 사람들은 겨자씨를 소화하지 못했어요. 하지만 결국 더운 지역에 사는 사람들은 매운 음식을 먹고 불쾌하더라도 상한 음식을 먹고 장염으로 죽는 것보다는 낫다는 사실을 깨닫게 됐답니다.

사람들이 점점 식물의 '화학 무기'에 익숙해지면서 매운 재료로 만든 수많은 음식이 등장하게 됐어요. 원래부터 온화한 기후에 사는 사람들은 매운 음식을 잘 먹지 못하는 경우가 많았지요. 북쪽 지방 사람들은 비교적 최근에 이르러서야 향신료를 사용하기 시작했고요. 유럽과 동남아시아 사이를 오가는 무역로가 생기면서 말이지요. 그전에는 식품을 얼리거나 소금에 절여 저장했답니다.

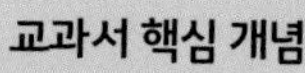

교과서 핵심 개념

미생물
크기가 아주 작아서 우리 눈으로 볼 수 없는 생물을 통틀어 이르는 말이에요. 박테리아(세균), 균류, 그 밖의 단세포 생물들은 대부분 미생물에 속한답니다.

붉은 고추와 고추류 열매는 아주 짜릿한 매운맛을 자랑해요. 캡사이시노이드계 물질, 다시 말해 캡사이신이 따끔한 매운맛을 만들어 내기 때문이에요. 다행히 아주 강력한 매운맛을 내는 고추라고 해도 그 안에 들어 있는 캡사이신은 안전한 수준이에요. 하지만 순수한 형태의 캡사이신은 우

▲ 매운맛을 내는 다양한 향신료는 식물의 '독성'으로 미생물을 막아 내는 천연 방부제 역할을 한다.

> **교과서 심화 개념** 1%
>
> **수용체**
>
> 세포에는 바깥의 자극이나 물질을 받아들이는 통로가 있어요. 이 통로를 바로 수용체라고 해요. 수용체가 자신과 꼭 맞는 물질과 결합하면 세포는 그에 걸맞게 반응한답니다.

리 몸에 굉장히 강한 자극을 일으킨답니다. 순수한 캡사이신을 다루는 작업자들은 장갑과 보호 안경, 호흡용 장비를 착용하고 보호복까지 입어야 하지요.

캡사이신은 입 안에 있는 TRPV1 **수용체**에 달라붙어요. 사람이나 포유류의 뇌는 이 수용체의 신호를 입 속 온도가 올라가는 것으로 해석한답니다. 사실 TRPV1 수용체는 캡사이신을 위해 존재하는 게 아니에요. 이 수용체는 온도가 섭씨 43도 이상 올라갔을 때 움직이기 시작해, 중추 신경계에

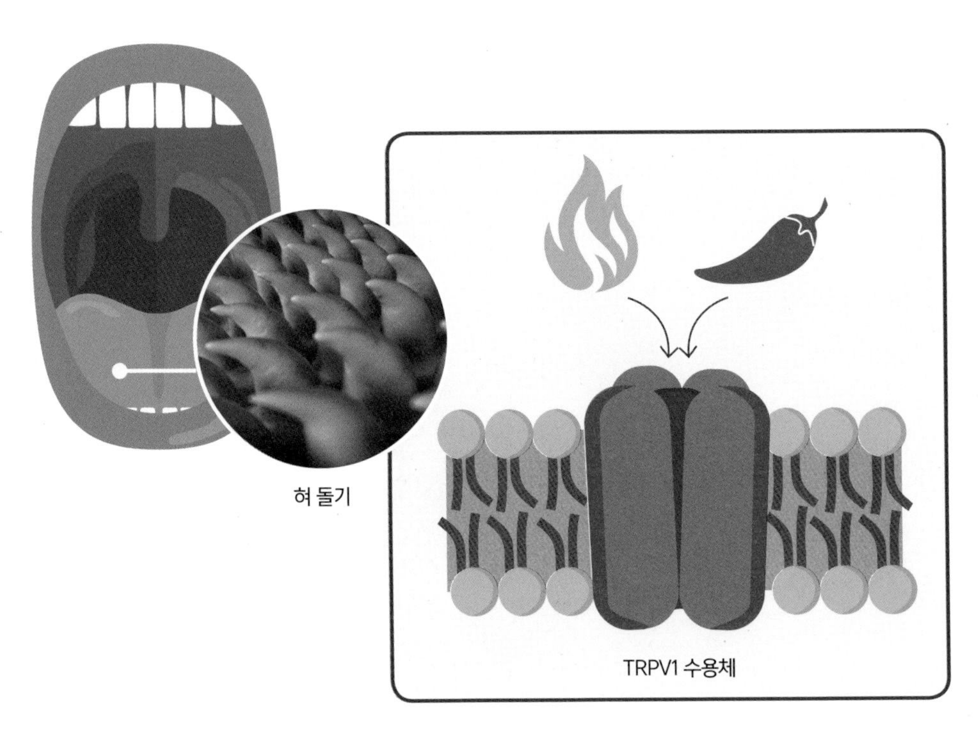

▲ 입에 있는 TRPV1 수용체는 매운맛을 높은 온도로 받아들인다.

우리 몸이 과열되고 있다는 신호를 보내요. 쉽게 말해 뜨거운 음식이나 물질이 들어올 때 몸이 위험하다고 알리는 역할을 하지요.

그런데 이 천연 온도감지기는 음식의 일부 물질도 인식할 수 있답니다. TRPV1 수용체는 화학 물질과 높은 온도를 같은 자극으로 인식하기 때문에 우리 신경계에 혼란을 줘요. 우리가 지나치게 매운 음식을 먹으면 뇌는 뜨거운 무언가가 들어왔다고 판단하지요. 이 감각을 없애기 위해서 중추 신경계는 몸을 식히기 위한 조치를 취해요. 혈액 순환이 활발해지고 땀이 뻘뻘 흐르지요. 혈액 속에서 천연 진통제인 엔도르핀의 양도 늘어나고요. 또 뇌에서 눈꺼풀로 시각 기관을 보호하라는 명령을 내리기 때문에 콧속 점막이 자극을 받고 눈물이 흐르면서 눈이 감긴답니다.

> **교과서 핵심 개념**
>
> **지용성**
>
> 기름에 잘 녹는 성질을 말해요. 반대로 물에 잘 녹는 성질은 수용성이라고 하지요. 다시 말해 지용성, 수용성이란 물질이 잘 녹는 용액의 종류를 나타낸답니다.

다행히 고추나 매운 소스에 들어 있는 캡사이신의 양은 우리 몸의 조직과 장기에 손상을 일으킬 정도는 아니에요. 그렇다고 해서 매운 음식이 완전히 안전하다는 뜻은 아니랍니다. 소화 불량이나 메스꺼움, 구토 같은 증상을 일으킬 수 있거든요. 극심한 통증 신호를 받은 뇌가 통증을 일으킨 물질을 되도록 빨리 몸에서 없애기 위해 갖은 노력을 다하기 때문이에요. 하지만 구토를 하면 위액이 올라와 식도를 다치게 할 수 있어서 위험해요. 식도의 손상 정도는 TRPV1 수용체가 받은 자극과 뇌가 '위험'을 평가한 정도에 따라 달라진답니다.

화끈한 매운맛이 입 안에 가득할 때 물로 씻어 내려고 하는 경우가 많아요. 하지만 소용없어요! 캡사이신은 **지용성** 물질이기 때문에 물로는 씻어 낼 수 없답니다. 캡사이신의 활동을 멈추는 데는 우유 한 컵이 더 효과적이에요. 우유 성분 속 지방질이 TRPV1 수용체에 붙은 캡사이신 성분을 붙잡아 떼어 내면 수용체 활성화가 멈춰서 입 속에 난 '불'을 꺼뜨릴 수 있지요. 눈앞의 음식이 얼마나 매운지 모르겠다면 꼭 식탁 위에 우유 한 잔을 놓고 맛을 보세요. 단, 무지방이나 저지방 우유는 효과가 없으니 꼭 일반 우유를 준비해야 해요.

마늘에는 황 성분이 풍부한 물질이 들어 있어서 해충이 다가오지 못하게 막아 줘요. 하지만 이 성분이 마늘 특유의 냄새를 만들지는 않는답니다. 마늘의 냄새를 만드는 물질은 무언가가 마늘을 공격할 때 합성되거든요. 마늘 알맹이가 물리적으로 손상되면 특정 효소가 무향의 '알리인'을 분해해 톡 쏘는 냄새가 나는 '알리신'을 만들어요. 이 알리신이 마늘을 자를 때 나는 마늘 냄새의 주요 성분이라고 할 수 있지요. 합성된 알리신은 황을 품은 유기 화합물로 바뀌어 '마늘 입 냄새'를 만들어 낸답니다. 이 물질들이 땀과 오줌, 내쉬는 숨을 통해 전부 배출되려면 24시간이 걸려요. 그동안 마늘의 얼얼한 매운맛을 좋아하는 사람들은 약하지만 독특한 마늘 냄새를 달고 다니게 된답니다.

오늘날에는 음식을 보관할 때 아주 다양한 종류의 냉장고를 이용해요. 매운 향신료를 추가하는 이색적인 방법을 사용하지 않아도 음식을 보관할 수 있지요. 그런데 우리는 왜 계속해서 매운 고추와 겨자, 마늘을 음식에 넣을까요? 간단해요. 바로 새로운 장점이 있기 때문이지요.

맵고 향이 강한 물질은 침을 많이 분비하게 만들어 소화를 자극해요. 이 자극은 입 안에서뿐만 아니라 위장관 전체에 영향을 주어 **연동 운동** 을 촉진한답니다. 하지만 더 중요한 이유가 있어요. 캡사이신의 '화끈한' 화학 성분은 엔도르핀이 더 많이 나오도록 해요. 엔도르핀은 우리 뇌에서 나오는 천연 진통제예요. 힘든 상황에 놓이면 엔도르핀이 나와 고통을 덜어 주고 우리 기분을 좋게 만들어 주지요. 매운 음식을 먹어도 마찬가지로 엔도르핀이 나와요. 이러한 이유로 사랑받게 된 매운 음식은 중독과 같은 증상을 일으키기도 한답니다. 지금은 대부분의 사람들이 매운 음식을 맛있다고 느끼며 즐기고 있지요!

교과서 핵심 개념

연동 운동

우리가 삼킨 음식물은 식도를 거쳐 위, 십이지장, 소장, 대장으로 내려가며 소화돼요. 이때 소화 기관은 꿀렁거리는 수축을 통해 음식물을 밀어내고 이동시키지요. 이 운동을 연동 운동이라고 한답니다.

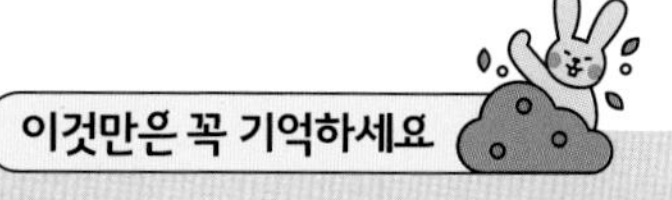

이것만은 꼭 기억하세요

- 고추 같은 식물의 매운맛은 식물이 자신을 보호하기 위해 진화한 결과물이에요.
- 매운맛을 내는 캡사이신은 입 속의 TRPV1 수용체에 달라붙어 우리 뇌에 받아들여져요.
- 맵고 향이 강한 물질은 침이 나오도록 만들고 소화 기관이 연동 운동을 하도록 촉진해요.

중1 Ⅶ. 과학과 나의 미래

중3 Ⅰ. 화학 반응의 규칙과 에너지 변화

중3 Ⅷ. 과학 기술과 인류 문명

예습

과학 교과서 정복하기

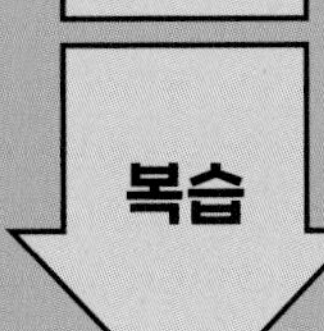

복습

초4-1 지층과 화석

초4-1 혼합물의 분리

초5-2 생물과 환경

초5-2 날씨와 우리 생활

화학은 만능 해결사

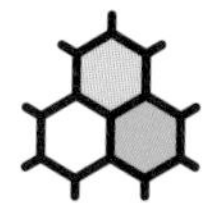
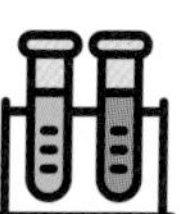

지금은 고분자 시대!

지구 역사? 동위원소에게 물어봐

미래를 바꾸는 화학

지금은 고분자 시대!

분자가 여러 개 모인 큰 분자를 고분자라고 해요. 사람이 인공적으로 고분자 물질을 만들기 시작하며 인류 문명은 놀랄 만큼 빠르게 발전했답니다. 오늘날 우리가 매일 쓰는 물건은 대부분 고분자 물질로 이루어져 있지요. 여기서 소개할 고분자 물질들 역시 분명히 여러분의 집에서 찾아볼 수 있을 거예요.

교과서 핵심 개념

비중
기준이 되는 물질의 밀도에 대한 상대적인 밀도예요. 보통 우리가 사는 지구의 기압인 1기압에서 섭씨 4도인 물을 기준으로 하지요. 비중이 이 물보다 크면 물에 가라앉고, 작으면 물에 떠요.

교과서 심화 개념

중합 반응과 중축합 반응
한 종류의 작은 분자가 계속 연결되면서 큰 고분자 물질을 만드는 반응을 중합 반응이라고 해요. 두 종류 이상이면 중축합 반응이라고 하지요.

고분자는 **비중**이 작은데 분자량은 커요. 단백질, 탄수화물 같은 고분자는 생명체를 이루는 중요한 요소지요. 이처럼 원래 자연에 존재했던 고분자를 천연 고분자라고 불러요. 반면에 사람이 만든 고분자는 합성 고분자라고 한답니다.

합성 고분자는 천연 고분자를 화학적으로 변형한 거예요. 대부분 석유화학 물질 같은 저분자 화합물의 **중합 반응**이나 **중축합 반응**으로 만들어지지요. 그 결과물이 바로 플라스틱이에요. 이 외에도 다양한 고분자 물질이 우리의 삶을 편하게 만들고 있답니다. 20세기부터 인류의 삶을 바꾼 여섯 가지 고분자 물질을 소개할게요.

나일론

1927년 미국의 화학 회사 듀폰은 새로운 고분자를 연구하겠다고 발표했어요. 10여 년이 지난 뒤 이 연구를 이끌던 월리스 캐러더스가 뉴욕 세계 박람회에서 발명품인 나일론을 선보였답니다. 나일론은 세상을 뒤흔들었어요. 가볍고 **탄성**이 있는 데다가 해지지 않아서 시간이 지나도 마치 새것 같았거든요. 스타킹을 만들기에 안성맞춤이었답니다! 나일론은 여성 패션을 완전히 바꿔 놓았을 뿐 아니라 제2차 세계대전 동안 낙하산 끈, 기상 관측용 풍선, 모기장 등 여러 곳에서 활약했어요. 지금도 옷부터 낚싯줄까지 다양한 물건에서 나일론을 만날 수 있지요.

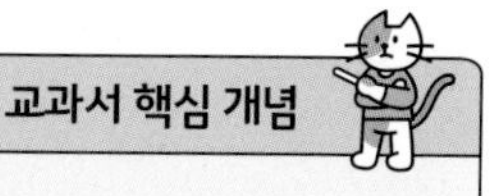

탄성

물체에 힘을 가했을 때 모양이 바뀌었다가 다시 원래대로 돌아가는 성질을 말해요. 탄성이 크면 금방 원래 모양으로 돌아가지만, 탄성이 작거나 없으면 바뀐 모양이 그대로 남아 있지요. 고무는 탄성이 아주 크답니다.

▲ 듀폰에서 발표했을 당시의 나일론

탄소 섬유

말 그대로 탄소로 만든 섬유예요. 탄소 원자를 육각형 구조로 엮어 100분의 1밀리미터보다 더 가늘게 뽑은 뒤, 이를 서로 합치고 엮어서 굵은 실처럼 만든 거지요. 탄소 실 한 가닥은 약해서 구부리면 부러지지만, 섬유가 되면 잘 늘어나지 않고 서로 단단히 결합해요. 최초의 탄소 섬유는 1879년에 등장했어요. 토머스 에디슨이 백열전구용 필라멘트를 찾다가 만든 거지요. 에디슨은 필라멘트 재료로 대나무 섬유에 불을 붙였다가 섬유가 타고 남은 탄소 덩어리가 오랫동안 빛을 내며 탄다는 사실을 발견했어요. 탄소 섬유를 엮어 짠 직물은 20세기 후반에 등장해 미 공군의 용품을 만드는 데 쓰였답니다. 이제 탄소 섬유는 다양한 교통수단과 함께 사방에서 활약해요. 여러분 주변에서도 늘 볼 수 있답니다. 휴대전화 본체의 재료는 무엇일까요?

▲ 탄소 섬유는 보통 플라스틱이나 유리와 섞어 천처럼 짜서 사용한다.

테플론

테플론의 정확한 명칭은 '폴리테트라 플루오로 에틸렌(PTFE)'이에요. 미국의 화학자 로이 플런킷이 우연히 발견하고 1945년에 자신이 일하던 회사에서 테플론이라는 이름으로 팔기 시작했어요. 테플론은 고온과 저온에 모두 잘 견뎌요. 끈끈하지 않고 물이나 기름도 먹지 않는 데다 염기와 산을 걱정할 필요가 없지요. 이런 특성 덕분에 테플론은 화학 산업에서 없어서는 안 되는 존재가 됐답니다. 테플론을 가장 많이 볼 수 있는 장소는 부엌이에요. 프라이팬 바닥에는 테플론이 층으로 덮여 있지요. 이렇게 바닥을 테플론으로 코팅한 프라이팬은 식용유를 두르지 않아도 음식이 눌어붙지 않고 쉽게 씻겨 나간답니다. 방수성이 뛰어난 테플론은 물이 스며들지 않도록 스키나 스노보드를 코팅할 때도 쓰여요.

▲ 테플론으로 만든 방수 테이프

실리콘

규소 원자와 산소 원자가 교차하는 구조로 이루어진 긴 사슬이에요. 유기물이 규소 원자와 산소 원자를 연결하기 때문에 다양한 특성을 가진 여러 가지 실리콘을 만들 수 있지요. 20세기 초, 영국의 화학자 프레더릭 키핑이 발견한 실리콘은 유연하고 질기면서 낮은 온도에도 변하지 않고 전기도 통하지 않아요. 그래서 오븐 장갑, 얼음 틀, 제빵 틀 등 여러 주방용품의 원료로 쓰인답니다. 게다가 인체에도 무해하기 때문에 인공적으로 만든 치아인 임플란트의 재료로 사랑받지요. 요즘에는 실리콘과 성질만 비슷한 가짜 실리콘도 팔고 있어요. 여러분이 쓰는 재료가 진짜 실리콘인지 알고 싶다면 냉동실에 넣어 보세요. 진짜 실리콘은 영하의 온도에서도 탄성을 유지한답니다.

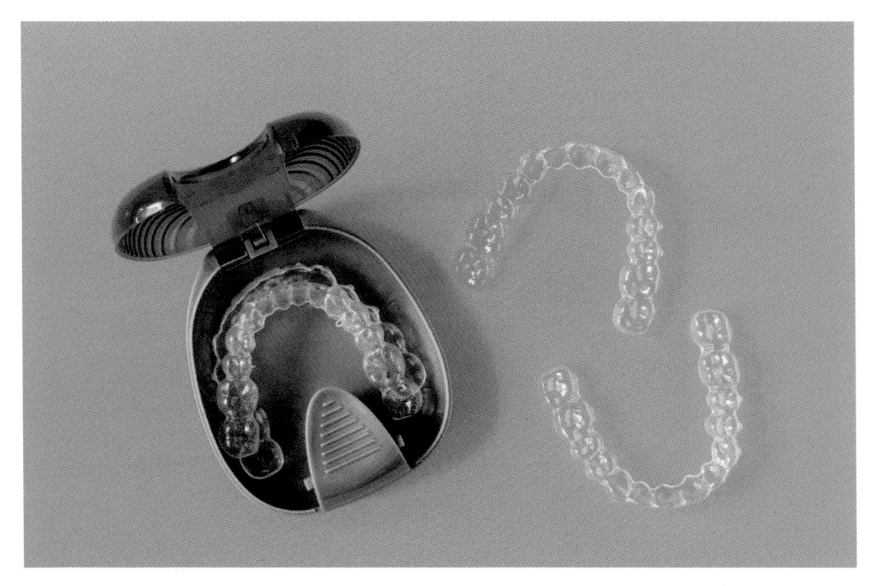

▲ 실리콘으로 만든 치아 교정용 장치

폴리에틸렌

1933년에 영국의 화학 회사인 임페리얼 케미컬 인더스트리스에서 공학자 에릭 포셋과 레지널드 깁슨이 발명한 물질이에요. 20세기 중반에는 폴리에틸렌을 포장 용기에도 쓸 수 있다는 사실이 밝혀졌지요. 지금 우리가 쓰는 비닐봉투는 대부분 폴리에틸렌으로 만들어진답니다. 플라스틱병, 비닐 테이프, 에어 캡(뽁뽁이), 캔 등 주변에는 정말 다양한 폴리에틸렌 제품이 있어요. 물과 염기에 강하기 때문에 하수관과 가전제품에도 사용되지요. 하지만 폴리에틸렌은 환경 오염의 주범이에요. 자연에서 완전히 분해될 때까지 약 50년이 걸리지요. 그래서 최근에는 자연에서 약 반 년 안에 분해되는 생분해 플라스틱을 개발하고 있어요. 곤충이나 미생물에서 찾은 분해 효소를 이용하는 연구도 활발히 진행되고 있답니다.

▲ 폴리에틸렌 소재의 플라스틱병

▲ 폴리에스터 실을 만드는 모습(위)과 이렇게 만든 실로 짠 천(아래)

폴리에스터

폴리에스터는 합성 섬유를 가리킬 때 많이 쓰이지만, 사실은 합성 섬유를 만드는 화합물을 의미해요. 폴리에스터 섬유는 질기고 주름이 심하게 지지 않아요. 또 잘 젖지 않고 오래가서 재킷과 운동복 재료로 쓰인답니다. 폴리에스터로 만든 옷은 빠르게 마르고 피부 자극도 적어요. 보통 폴리에스터는 **원유**를 **정제**할 때 만들어져요. 원료인 고분자를 녹였다가 좁은 관을 통해 뿜어내면서 식히면 얇고 길게 이어진 상태로 굳어요. 이렇게 만든 섬유를 이용하는 거랍니다. 하지만 재활용 재료를 사용하면 훨씬 더 적은 비용으로 쉽게 폴리에스터를 만들 수 있어요. 페트병이나 음료수병을 분해하고 실을 자아내면 옷을 만들 수 있는 섬유로 재탄생한답니다. 페트병 25개만 있으면 셔츠 한 벌을 만들 수 있어요.

원유
땅속에서 뽑아낸 천연 그대로의 석유를 말해요. 원유는 여러 종류의 탄화수소 화합물이 섞인 상태예요. 각 화합물을 분리해 가공하면 가솔린, 등유 같은 석유부터 가스, 플라스틱, 아스팔트를 포함한 수백 가지의 제품을 만들 수 있답니다.

정제
혼합물에서 불순물을 빼내 순수한 물질만 남기는 과정이에요. 원유를 정제할 때는 여러 탄화수소 화합물의 끓는점 차이를 이용하지요.

이것만은 꼭 기억하세요

- 고분자 물질은 분자 중에서도 무겁고 커다란 분자들이 모여 만들어진 물질이에요.
- 단백질이나 탄수화물 같은 천연 고분자는 생명체만큼이나 오래 자연에 존재했어요.
- 사람이 만든 합성 고분자 물질로는 나일론, 탄소 섬유, 테플론, 실리콘, 폴리에틸렌, 폴리에스터 등이 있어요.

 지구 역사? 동위원소에게 물어봐

공룡이 멸종했다는 사실을 모르는 이는 거의 없어요. 공룡이 2억 4000만 년 전에 등장해 약 6600만 년 전에 사라졌다는 사실도 유명하지요. 그런데 과학자들은 이미 멸종해서 기록조차 남지 않은 이 거대한 생물이 언제 등장했다가 사라졌는지를 어떻게 알아냈을까요? 그 비밀은 방사선을 마구 뿜어내는 '무서운 원소'가 품고 있답니다.

?!

고생물학자와 고고학자, 역사학자 등 지구와 인류의 역사를 연구하는 사람들은 유물이나 화석이 만들어진 시기에 관심을 가지기 마련이에요. 표본의 연대를 측정하는 방법 중에서는 동위원소를 이용한 분석법이 가장 잘 알려져 있답니다. 과학자들은 표본 속에 존재하는 방사성 동위원소의 양을 측정해서 붕괴된 동위원소의 비율을 계산해요. 주로 탄소의 방사성 동위원소, 다른 말로 방사성 탄소인 탄소-14가 측정 대상이 되지요.

탄소는 우리은하에서 네 번째로 많은 물질로 모든 생물의 몸을 이루는 재료예요. 그리고 방사능을 띨 수 있지요! 예를 들어 탄소-14는 불안정해서 시간이 흐를수록 붕괴해요. 이 과정에서 방사선을 내뿜고요. 미국의 화학자 윌러드 리비는 살아 있는 세포가 탄소를 가지고 있다는 사실을 바탕으로 1946년에 '방사성 탄소 연대 측정법'을 개발했어요.

이 방법의 원리는 동위원소의 붕괴를 기본으로 하는 다른 방법들과는 달라요. 바로 우리처럼 살아 있는 **유기체** 가 일생 동안 흡수하는 탄소의 방사성 동위원소와 비방사성 동위원소를 이용하지요. 방사성 동위원소인 탄소-14는 질소와 **우주 방사선** 의 상호 작용으로 대기 윗부분에서 만들어져요. 비방사성 동위원소인 탄소-13과 탄소-12는 살아 있는 유기체에 흡수됐다가 대기로 다시 방출되지요. 탄소의 동위원소들은 아주 비슷하기 때문에 우리 몸은 동위원소를 고르지 않고 있는 대로 받아들여요. 그래서 대기와 유기체에 존재하는 탄소의 방사성, 비방사성 동위원소는 비율이 항상 같답니다.

하지만 생명체가 죽은 뒤에는 탄소가 더 이상 주변 환경에서 유입되지 않아요. 그래서 안정된 비방사성 동위원소에 무슨 일이 일어나지 않는 한, 방사성 동위원소가 계속 붕괴하며 탄소의 동위원소 비율이 달라져요. 이 원리를 이용해 유물이나 **화석** 의 유기체가 죽은 순간부터 경과한 시간을 알아낼 수 있지요. 탄소-14의 반감기는 5,760년이기 때문에 신생대 제4기부터 인류가 기록을 남긴 역사 시대까지 고루 살펴볼 수 있답니다.

교과서 핵심 개념

유기체
생물을 일컬어 유기체라고도 해요. 사전적인 의미로는 '물질이 유기적으로 구성되어 생활 기능을 가지게 된 조직체'지요. 유기체는 탄수화물, 지방, 단백질, 비타민 같은 유기물로 이루어져 있어요.

화석
과거에 살았던 생물의 사체나 흔적이 퇴적물 속에 갇혀 암석으로 보존되는 것을 말해요. 지층이 쌓인 시대를 밝히고 과거의 환경을 알아내는 데 중요한 역할을 하지요. 지구의 역사책과도 같은 존재랍니다.

교과서 심화 개념

우주 방사선
우주에서 날아오는 입자와 방사선을 통틀어 이르는 말이에요. 모두 높은 에너지를 가지고 있기 때문에 직접 맞으면 무척 위험하답니다. 다행히 지구 주변에는 두꺼운 자기장이 있어서 우주 방사선을 막아 주지요. 줄여서 우주선이라고도 불러요.

방사성 탄소 연대 측정법은 다양한 분야에 사용되고 있어요. 고고학적 발견물을 분석하고 미술품의 진위 여부를 가려내는 것부터 뇌세포의 재생 속도를 평가하거나 금지 약물을 검사하는 데도 이용되고 있지요. 하지만 앞으로 인간의 활동 때문에 이 방법의 신뢰도가 점점 떨어질 수 있어요. 석탄과 석유가 타면서 뿜어내는 탄소로 대기 중 탄소-14의 농도가 낮아진 탓에 유물의 나이가 원래보다 더 많게 측정될 수 있기 때문이지요.

자연적으로 보충되지 않는다면 탄소-14의 함량은 6만 년 동안 1,000배 줄어들어요. 무연탄과 석유 같은 **화석 연료** 는 아주 오래전에 만들어져서 탄소-14를 갖고 있지 않고요. 이미 반감기가 여러 번 지나 다른 동위원소로 변해 버렸을 테니까요. 화석 연료가 연소되면서 나오는 생성물은 공기 중에 방사능을 띠지 않는 비방사성 탄소를 늘려요. 이와 동시에 이산화탄소

▲ 이집트에서 발견된 고대의 옷 조각. 방사성 탄소를 분석해 이 옷이 만들어진 시기가 기원전 660~880년이라는 사실을 알아냈다.

의 형태로 식물에 흡수되기 때문에 식물로 만들어진 물질 속의 탄소-14 함량이 점점 줄어들게 되지요. 지금도 화석 연료의 연소로 비방사성 탄소가 계속해서 증가하고 있어요. 이 현상이 계속 이어진다면, 2050년쯤에는 방사성 탄소로 연대를 측정했을 때 바느질한 지 얼마 안 된 셔츠의 나이가 1,000년 전에 살았던 영국의 정복왕 윌리엄 1세의 가면과 같게 나올지도 몰라요.

교과서 핵심 개념

화석 연료

석유, 석탄 등 지금 우리가 쓰고 있는 연료는 대부분 과거에 살았던 동식물의 사체가 쌓여 만들어진 거예요. 이 연료를 화석 연료라고 부르지요. 화석 연료는 땅속에 있는 양이 정해져 있고 다시 만들어질 때까지 시간이 매우 오래 걸리는 문제가 있어요. 또 한번 태울 때마다 엄청난 양의 이산화탄소를 내놓기 때문에 지구 온난화를 일으키지요.

게다가 방사성 탄소 연대 측정법은 탄소가 붕괴되지 않았을 경우에만 쓸 수 있어요. 생성 시기가 다른 탄소질 물질로 표본이 오염되거나 강한 방사선에 노출되면 결과가 심각하게 왜곡될 수 있기 때문이지요. 또 역사학자들이 발견하는 유물 중에는 유리나 도기, 금속으로 만들어진 물건도 많답니다. 이런 유물에는 탄소가 포함되어 있지 않기 때문에 화학 분석법을 함께 사용해 연구해야 하지요.

화학 분석법은 말 그대로 화학 연구에 필요한 여러 기법을 이용해 표본을 이루는 물질의 종류와 구조를 찾는 방법이에요. 화학 분석법은 전설이나 이야기 속에서만 접할 수 있는 옛사람들의 삶을 새로운 관점에서 볼 수 있게 해 줬어요. 예를 들어 고대 중국의 초원에서 살던 흉노족은 황금으로 된 사치품을 많이 만들었다고 알려져 있어요. 흉노족의 무덤에서 귀중한 유물이 많이 발견됐기 때문이에요. 하지만 일부 고고학자들은 이 사치품들이 중국에게 받은 선물이라고 주장했어요. 논쟁은 유물의 황금이 중국의

교과서 심화 개념

사금

광석에서 떨어져 나온 아주 작은 금 조각들이 모래나 흙 속에 섞여 있는 걸 말해요. 강기슭의 흙을 그릇에 담아 물을 부어 두면 비중이 크고 무거운 금 조각만 가라앉아요. 옛사람들은 이 방식으로 사금을 채취했답니다.

광산에서 채굴됐는지, 아니면 흉노족이 강가에서 **사금**을 골라내 직접 채취했는지를 밝혀내야만 해결할 수 있었답니다. 화학 분석법으로 확인한 결과, 흉노족의 무덤 네 곳에서 나온 유물 30점에서 백금 불순물이 발견됐지요. 백금 오염은 강에서만 일어나요. 덕분에 흉노족의 유물이 강가에서 채취된 황금으로 만들어졌다는 사실을 알 수 있었답니다.

덴마크의 천문학자인 튀코 브라헤의 죽음에 관련된 몇 가지 미신 역시 화학 분석법으로 깨트릴 수 있었어요. 브라헤의 갑작스러운 발병과 죽음은 수많은 가설과 억측을 불러일으켰고 400년이 지난 최근까지도 수수께끼

▲ 모래와 흙, 광석을 물과 함께 그릇에 담으면 비중이 큰 사금은 바닥에 가라앉는다.

로 남아 있었지요. 그중의 한 가지는 브라헤가 수은 중독으로 죽었다는 가설이랍니다. 이 가설에 따르면 브라헤는 많은 양의 수은을 스스로 섭취했거나, 수은으로 독살당했을 거예요.

그러던 중 2010년 체코 프라하에서 브라헤의 묘지가 발굴됐어요. 이 묘지에서 나온 수염과 뼈, 치아 표본을 분석한 결과, 죽을 정도로 몸에 수은이 쌓이지 않았다는 사실이 밝혀졌답니다. 더욱이 죽기 8주 전에는 세포 조직에 쌓인 수은의 양이 정상보다 조금 높은 수준이었겠지만, 2주 전에는 매우 낮았을 것으로 보인다는 결과가 나왔어요. 뼈의 화학 분석법으로도 수은 중독설은 틀렸다는 사실이 밝혀졌어요. 브라헤는 죽기 전 5년에서 10년 동안은 목숨이 위험할 정도로 수은과 접촉한 적이 없었던 거예요.

서로 다른 측정법의 단점이 무엇이고 무엇이 더 좋은지 설명하자면 끝이 없어요. 그래도 화학의 도움으로 우리가 물질의 속뿐만 아니라 과거까지 들여다볼 수 있게 됐다는 사실에는 변함이 없지요! 화학이 발전한 뒤로 우리 지구의 역사에 대한 연구도 엄청난 진보를 이루었답니다.

이것만은 꼭 기억하세요

- 방사성 탄소 연대 측정법은 생물이 사는 동안 흡수하는 탄소를 이용해요.
- 화석 연료의 계속된 사용은 방사성 탄소 연대 측정법의 오차를 커지게 하고 있어요.
- 탄소가 포함되어 있지 않은 물질에는 화학 분석법을 함께 사용해 연구해요.

미래를 바꾸는 화학

화학은 두 얼굴의 존재예요. 석유를 비롯한 지하자원을 활용하고, 플라스틱 같은 여러 고분자 물질을 만든 덕분에 인류는 전에 없이 풍족한 삶을 누리게 됐지요. 하지만 이 과정에서 나온 온실가스가 기후변화를 일으키고, 강과 바다를 더럽힌 화학 물질은 지금도 누군가의 건강을 위협하고 있어요. 다행히 화학의 문제는 화학으로 이겨 낼 수 있답니다.

?!

IUPAC은 화학 물질에 이름을 붙이고 세계 공통으로 쓸 표준 용어를 만드는 국제 조직이에요. '이우팍'이라고 읽지요. 가까운 미래에 인류가 화학 분야에서 어떤 발견을 할지 예측하기도 해요. 지난 2019년에는 '주목받는 화학 기술 10위'라는 기사를 발표했지요. 이 기사에서 IUPAC은 화학과 자연과학의 중요성을 쉽게 설명하고, 세상을 더 좋게 바꿀 수 있는 21세기의 화학 기술을 예측했어요. 그 기술 중 몇 가지를 함께 알아봐요.

첫 번째 기술로 '나노 화학'을 살펴볼게요. 지구 인구는 계속 늘어나고 있어요. 21세기 말에는 거의 110억 명이 될 거예요. 이 많은 사람을 먹여 살리려면 농작물을 더 많이 생산하면서도 논밭의 수와 **온실가스** 배출량은 줄여야 해요. 게다가 농경지에 대는 물을 아끼고, 비료와 살충제로 일어나는 환경 오염도 되도록 줄여야 하지요.

농약이 환경에 미치는 영향은 나노 화학으로 줄일 수 있어요. 화학자들은 특정한 조건에서만 목표물에 살충제를 내뿜는 나노 컨테이너를 만들었지요. 이 방법은 환경 오염뿐 아니라 **먹이사슬** 을 통해 생물에 쌓이는 살충제 양을 줄이고, 살충제에 저항성을 가진 해충이 출현하는 것도 막을 수 있을 거예요.

나노 살충제는 제초제나 화학 물질, 유전자가 든 나노미터(1나노미터는 10억분의 1미터) 크기의 총알이나 마찬가지예요. 식물의 특정 부분에 들어가서 안에 담긴 내용물을 쏟아 내니 아주 효과적이지요. 이와 비슷하게 몸 안의 기생충을 없애는 구충제를 나노 캡슐에 담아 실어 나를 수도 있답니다.

농업과 관련한 **나노 기술** 연구는 아직 진행 중이에요. 나노 기술을 사용할 때의 장점과 단점도 아직 뚜렷하게 밝혀지진 않았지요. 나노 기술이 농업의 모든 문제를 해결할 수는 없겠지만, 화학자들은 작물의 생산을 늘리고 환경 오염을 줄이는 데 도움이 되리라고 믿고 있어요.

두 번째 기술은 '전고체 전지'예요. 전고체 전지는 액체 대신 고체를 전해질로 이용하는 전지예요. 지금 사용하는 리튬 이온 전지보다 가볍고 10배나 더 많은 에너지를 저장하며, 아주 높거나 낮은 온도에서도 잘 작동해요. 폭발할 위험도 없지요. 또 다른 장점은 리튬보다 더

교과서 핵심 개념

온실가스
지구 대기층을 두껍게 덮고 태양에서 오는 열을 가두어 지구 온난화를 일으키는 기체를 통틀어 부르는 말이에요. 이산화탄소와 메탄이 대표적이랍니다.

먹이사슬
생물은 서로 먹고 먹히는 관계를 이루고 있어요. 이 관계를 간단하게 정리한 것을 먹이사슬이라고 하지요. 먹이사슬을 이루는 생물 중 어느 한 무리라도 없어지면 다른 생물들의 삶도 영향을 받게 된답니다.

교과서 심화 개념

나노 기술
물체를 나노 크기로 만들어 활용하는 기술을 말해요. 예를 들어 우리 눈에 보이지 않을 정도로 작게 만든 로봇을 몸속에 넣어서 필요한 부분에 약물을 전달하거나, 분자 크기의 전기 회로를 만들어 작은 컴퓨터를 만드는 거지요. 유전자나 세포를 화학적으로 분석하고 우리가 원하는 대로 바꾸기 위해서는 나노 기술이 꼭 필요해요.

흔한 원소인 소듐으로 전극을 만든다는 거랍니다.

하지만 전고체 전지가 어떻게 에너지를 저장하는지는 아직 확실하지 않아요. 물리 법칙에 따르면 두 전극에서는 다양한 전기화학 반응이 일어나야 해요. 이 과정에서 전압이 생겨나지요. 하지만 전고체 전지는 양쪽이 순수한 리튬이나 소듐으로 이루어져 있어요. 서로 반응을 일으키거나 전자를 주고받지 않아 이론적으로는 전압이 생길 수 없는 상태지요. 그렇지만 실험에서는 전고체 전지로 전기를 만들어 내는 데 성공했어요. 인텔, 보쉬, 다이슨 같은 유명한 가전제품 기업들은 수조 원을 들여 이 기술을 개발하고 있답니다.

전고체 전지가 정말로 작동한다면 전기차 가격이 화석 연료를 쓰는 일반 자동차 가격만큼 내려갈 거예요. 휴대전화 같은 모바일 기기나 에너지를 저장하는 장치의 수명도 길어질 거랍니다.

세 번째 기술은 '다공성 물질'이에요. 유엔(UN)과 세계보건기구(WHO)의 통계에 따르면, 전 세계 인구 가운데 약 22억 명이 안전한 식수를 구하지 못하고 있어요. 또 매년 52만여 명의 어린이가 오염된 식수를 마시고 질병에 걸려 사망하고 있지요. 환경 오염과 기후변화 때문에 앞으로 마실 물을 구하기 더 어려워질 거예요. 이 문제는 스펀지나 숯처럼 구멍이 많은 다공성 물질로 해결할 수 있어요. 다공성 물질은 해로운 물질을 거르는 한편 물을 붙잡을 수 있는 힘이 있답니다.

2017년, 아랍계 미국인 화학자 오마 야기가 다공성 물질인 금속-유기 구조체로 대기 중의 습기를 붙잡을 수 있다는 사실을 발견했어요. 낮 동안 금속-유기 화합물 1킬로그램은 습도가 20퍼센트 이하인 대기에서 물을 최

▲ 나이지리아 사람들이 공동 저수장에서 물을 뜨는 모습. 공동 저수장의 물은 식수로 쓰기 어렵지만, 물이 부족한 곳에서는 이를 그대로 마시거나 요리에 쓸 수밖에 없다.

대 2.8리터까지 흡수해요. 태양에너지만 이용하기 때문에 다른 전력이나 에너지원은 필요 없답니다. 야기는 현재 더 낮은 비용으로 더 많은 물을 흡수할 수 있는 새로운 구조체를 개발하고 있어요.

금속-유기 구조체 말고도, 제올라이트(점토)나 세라믹(도기) 같은 다양한 다공성 구조물을 이용해서 대기 중의 습기를 모으는 연구도 이뤄지고 있어요. 화학자들은 대기 중의 습기를 흡수할 뿐 아니라 정화해서 수집한 물을 곧바로 마시고 요리할 수 있는 물질을 찾고 있답니다.

네 번째 기술은 한 번쯤 들어봤을 법한 '생분해 플라스틱'이에요. 지금까지 지구에서 만들어진 플라스틱의 양은 80억 톤이 넘어요. 2017년, 미국 캘리포니아 대학교의 과학자인 롤런드 그리어는 현재 만들어진 플라스틱의 75퍼센트는 땅에 묻혀 환경을 오염시키고 있다고 했어요. 게다가 석유 매장량이 줄어들면서 합성 고분자를 만들기 위한 재료도 부족해지고 있지요.

이 문제를 해결하기 위해 화학자들은 다시 한번 자연에서 지혜를 빌려왔어요. 천연 고분자 물질인 단백질, 다당류는 **대사 과정**에서 작은 단위체로 분해된 뒤 다시 쓰여요. 생분해되는 플라스틱은 이 원리를 활용하지요. 플라스틱이 저절로 썩거나 재활용할 수 있는 단위체로 분해되는 거예요. 생분해 플라스틱은 두 가지 문제를 한 번에 해결할 수 있어요. 첫째, 재활용은 환경 오염을 멈추거나 늦춰 줘요. 둘째, 석유를 사용하지 않고도 재생된 단위체로 새로운 합성 고분자를 만들 수 있어요. 일회용 컵과 봉지는 이미 생분해 플라스틱으로 만들어지고 있어요. 페트병을 만드는 페트(PET)는 단위체로 분해할 수는 있지만, 에너지가 많이 들고 다른 물질이 있어야만 하지요. 생분해 플라스틱은 꾸준히 연구되고 또 연구해야만 하는 분야랍니다.

다섯 번째 기술인 '바이오 프린팅'은 앞으로 의료 분야에 널리 활용될 것으로 가장 큰 주목을 받는 기술이에요. 과학자들은 살아 있는 세포를 잉크로 이용해 **3D 프린터** 로 우리 몸이나 몸속 장기를 대신할 수 있는 인공 장기와 조직을 만들었어요. 이 기술은 치료와 진단은 물론 새로운 약을 찾거나 장기 이식에도 쓸 수 있지요. 지금은 3D 프린터로 심장, 혈관, 뼈까지 만들 수 있답니다. 실제로 2004년에 미국의 청소년 루크 마셀라는 자신의 세포로 만든 인공 방광을 이식받았어요. 가장 어려운 작업을 이끈 미국의 생체공학자 앤서니 아탈라는 2007년 '올해의 의사'로 미국의 시사 주간지 〈타임〉과 과학 잡지 〈사이언티픽 아메리칸〉에 소개됐답니다.

교과서 심화 개념 1%

대사 과정
유기체 안에서 물질이 화학적으로 만들어지거나 분해되는 과정이에요. 우리 몸에서 일어나는 소화나 호흡은 모두 대사 과정이지요.

3D 프린터
2D(평면)인 종이에만 인쇄할 수 있는 일반 프린터와 달리 3D(입체)를 출력할 수 있는 프린터예요. 플라스틱이나 합성수지처럼 쌓아서 물체를 만들 수 있는 재료를 잉크로 쓰지요.

지금은 복잡한 장기를 사람이 설계하고 만들어야 하지만, 미래에는 3D 프린터가 환자의 몸속에 직접 장기를 프린트할 수 있을 거예요. 이 과정에서 화학은 중요한 역할을 해요. 화학 물질이 장기의 컴퓨터 모델을 만드는 조영제로 사용되거든요. 조영제는 우리 몸을 검사할 때 장기나 조직, 혈관이 잘 보이도록 몸속에 미리 넣는 약물을 말해요. 바이오 잉크를 안정시키거나 세포를 조직하고, 프린트한 장기나 조직을 받치는 뼈대 분자를 만드는 데도 화학이 필요해요. 또 환자에게 인공 장기를 이식했을 때, 환자의 몸이 새로 들어온 장기를 공격하는 이식 거부 반응이 일어날 수 있어요. 환자의 면역 체계가 이식받은 장기를 '침입자'로 받아들이기 때문이지요. 프린트한

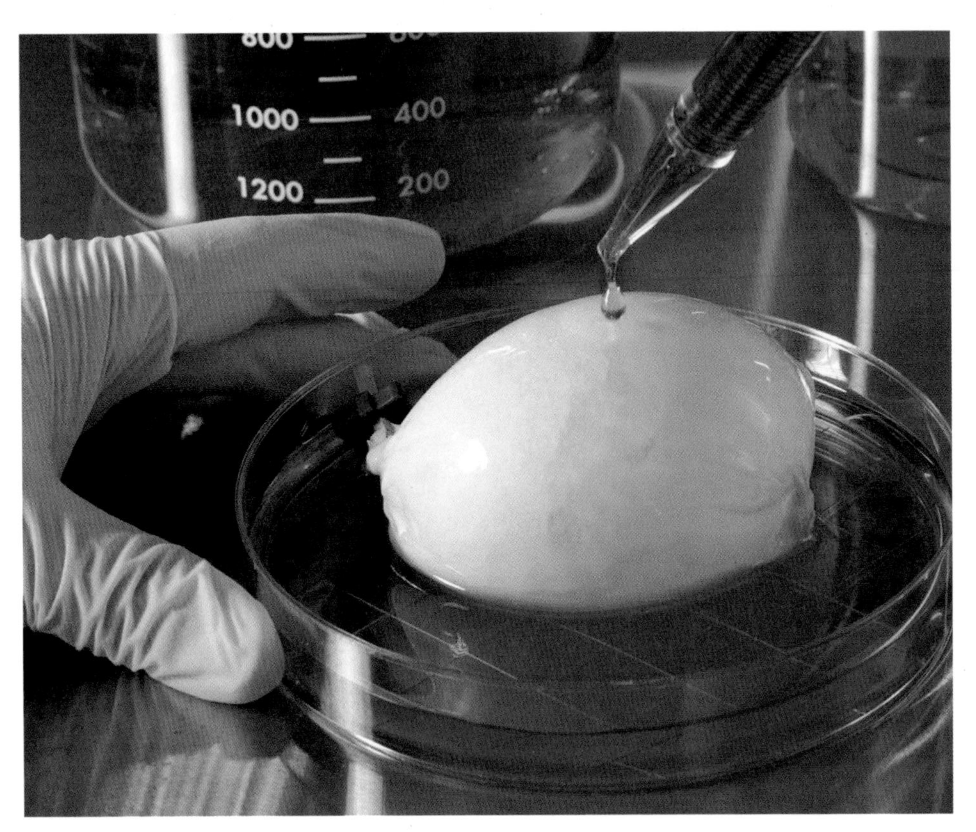

▲ 3D 프린터로 만든 인공 방광

장기가 구조와 형태를 유지하면서 이식 거부 반응을 일으키지 않으려면 조직이나 장기 세포가 어떻게 상호 작용하는지 화학적으로 이해하는 일이 중요하답니다.

IUPAC이 뽑은 기술은 모두 인류와 지구를 행복하게 해 줄 큰 힘을 갖고 있어요. 화학이 만든 문제를 화학 스스로 해결하는 동시에, 우리가 일상생활에서 더 많은 일을 할 수 있도록 돕지요. 이와 마찬가지로 무작정 화학을 이용하기만 하거나 반대하지 않고, 화학의 힘이 지구를 어떻게 살릴 수 있을지 고민하는 사람이 많아요. 여러분 역시 그 사람들 중 한 명이 되어 보는 건 어떨까요?

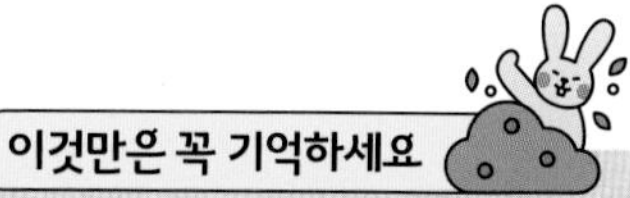

- 물체를 나노 크기로 만드는 나노 기술은 환경 오염을 줄이는 데에도 활용될 수 있어요.
- 생분해 플라스틱은 천연 고분자가 단위체로 분해됐다가 다시 쓰이는 원리를 이용해요.
- IUPAC이 뽑은 21세기의 화학 기술로는 나노 화학, 전고체 전지, 다공성 물질, 생분해 플라스틱, 바이오 프린팅 등이 있어요.

이미지 출처

14~16쪽	〈욜라〉 3호 '산성인가 염기성인가 문제를 해결하자!'
21쪽	〈욜라〉 3호 '스파이가 되어 비밀편지를 쓰자!'
27~29쪽	〈욜라〉 3호 '소화기를 만들어 불을 끄자!'
34, 36쪽	〈욜라〉 3호 '그 열은 다 어디 숨었을까?'
39~42쪽	〈욜라〉 19호 '어떻게 물 사용량을 측정할까?'
46쪽	〈욜라〉 4호 '놀라운 수증기의 힘'
53쪽	〈욜라〉 17호 '유리 저편에'
61쪽	〈욜라〉 11호 '액체괴물의 과학'
64, 66, 68쪽	〈욜라〉 12호 '제4의 물질 상태 플라스마'
74, 76, 78쪽	〈욜라〉 7호 '한 눈에 보는 물질의 역사'
84쪽	〈욜라〉 11호 '멘델레예프의 주기율표'
89쪽	〈욜라〉 21호 '아보가드로 법칙에 이르는 길'
101, 104쪽	〈욜라〉 6호 '세슘, 시간의 기준'
107, 109쪽	〈욜라〉 19호 '신의 이름을 딴 두 얼굴의 원소, 우라늄'
128쪽	〈욜라〉 10호 '우리는 독을 먹고 있다?'
135쪽	〈욜라〉 13호 '세상을 바꾼 10가지 고분자'
144쪽	〈욜라〉 5호 '역사학자를 위한 화학 분석법'
154쪽	〈욜라〉 10호 '21세기의 화학'

찾아보기

1%를 만드는

힘센 과학 개념

화학

초판 1쇄 2021년 11월 26일

지은이 욜라
엮은이 김은영

펴낸이 김한청
기획편집 원경은 차언조 양희우 유자영 김병수
마케팅 최지애 현승원
디자인 이성아
경영전략 최원준 설채린

펴낸곳 도서출판 다른
출판등록 2004년 9월 2일 제2013-000194호
주소 서울시 마포구 양화로 64 서교제일빌딩 9층
전화 02-3143-6478 팩스 02-3143-6479 이메일 khc15968@hanmail.net
블로그 blog.naver.com/darun_pub 페이스북 /darunpublishers

ISBN 979-11-5633-435-4 44000
979-11-5633-417-0 (세트)

• 잘못 만들어진 책은 구입하신 곳에서 바꾸어 드립니다.